0.90

# Wir Lernen Deutsch

**Erster Teil**

by

N. PAXTON

and

R. J. BRAKE

drawings by

FRANCES WINDER

THE ENGLISH UNIVERSITIES PRESS LTD

ISBN 0 340 05320 8

First printed 1970
Reprinted 1973, 1974



The English Universities Press Ltd
St Paul's House, Warwick Lane, London EC4P 4AH

Printed in Great Britain by Hazell Watson & Viney Ltd, Aylesbury, Bucks

The following photographs are included:



The authors and publishers would like to thank Stadtbildstelle Essen for permission to reproduce the photographs used in this book, and the German Embassy for the photographs reproduced on the cover, and pages 46 and 47.

# PREFACE

This is the first part of an audio-visual course designed to cover the G.C.E. 'O' level syllabus in three years. Although the pupil's books and teacher's books together form a self-contained and complete course, the use of the accompanying tapes and film-strips will ensure a more varied and lively presentation and provide pupil and teacher with more material to exploit.

The presentation of grammatical material has been so arranged as to facilitate the application of inductive methods of learning, and except in the grammar summary at the end of the book, the use of grammatical terminology and of English has been avoided.

The vocabulary has been selected mainly by reference to recent word-frequency counts, and has been introduced at a constant rate of thirty new words in each lesson.

The exercises alternate between the usual completion and substitution tests and exercises using illustrations to reinforce the audio-visual method.

The texts of the lessons deal with everyday topics in a typical German industrial town, for which purpose we have chosen Essen, as being more representative of modern Germany than more romantic places which might suggest themselves. In the revision lessons we have provided an especially large quantity of exercises and a longer than usual text incorporating all the new vocabulary of the previous ten lessons.

By restricting the total vocabulary of the book to 870 words, and by limiting the rate of acquisition of new grammatical material, we hope to have placed this course within the reach of the slower-moving classes beginning the study of German, while quicker sets may supplement this course by readers or cover the three books in two years.

Our chief hope is that the pupil will acquire not only a sound grounding in basic German but also a worthwhile knowledge of German life and culture today.

We should like to thank all those who have assisted us in the preparation of this book, both students and schoolchildren, and most of all Fräulein Angelika Braumann and Herr Ewald Späker, for all their help.

N. P.
R. J. B.

# CONTENTS

KIEL
HAMBURG
BERLIN
Die Oder
HANNOVER
MÜNSTER
Die Lippe
Die Elbe
GELSENKIRCHEN
DORTMUND
DUISBURG
ESSEN
Die Ruhr
Die Spree
WUPPERTAL
DDR
KÖLN
Ruhrgebiet
AACHEN
Der Rhein
BUNDESREPUBLIK
MÜNCHEN

# I DIE FAMILIE MÜLLER

Hier ist Peter.
Guten Morgen, Peter!
Peter ist blond.

Hier ist Helga.
Guten Morgen, Helga!
Helga ist Peters Schwester.
Peter ist Helgas Bruder.

Hier ist Herr Müller.
Er ist der Vater,
und er ist groß.
Guten Morgen, Herr Müller!

Hier ist Frau Müller.
Sie ist die Mutter,
und sie ist klein.
Guten Morgen, Frau Müller.
Frau Müller ist glücklich.

Hier ist Heidi.
Heidi ist das Baby.

Peter ist groß.
Helga ist klein.
Peter und Helga sind glücklich.

Hier ist das Auto.
Es ist blau.
Ist das Auto schwarz?
Nein, es ist nicht schwarz,
es ist blau.

Ist Helga blond?
Nein, Helga ist nicht blond,
aber Peter ist blond.

Ist Herr Müller Helgas Vater?
Ja, Herr Müller ist Helgas Vater.
Frau Müller ist Helgas Mutter.
Hier ist die Familie Müller.

---

| | | | | | | | |
|---|---|---|---|---|---|---|---|
| der Bruder | die Familie | das Auto | Herr | er | ist | blau | aber |
| der Vater | die Mutter | das Baby | Frau | sie | sind | blond | hier |
| | die Schwester | | Guten Morgen! | es | | glücklich | ja |
| | | | | | | groß | nein |
| | | | | | | klein | nicht |
| | | | | | | schwarz | und |

**er, sie, es**

| | |
|---|---|
| ***Der Vater*** **ist groß.** | ***Er*** **ist groß.** |
| ***Die Mutter*** **ist klein.** | ***Sie*** **ist klein.** |
| ***Das Auto*** **ist blau.** | ***Es*** **ist blau.** |
| ***Peter und Helga*** **sind glücklich.** | ***Sie*** **sind glücklich.** |

(a) *Ergänze:*
(*Beispiel:*

Hier ist Peter, der Bruder.)

(1) Hier ist

(2) Hier ist

(3) Hier ist

(4) Hier ist

(5) Hier sind

(6) Hier sind

(b) *Bilde Sätze:*

| | | |
|---|---|---|
| (1) Herr Müller | | groß |
| (2) Frau Müller | | klein |
| (3) Peter | | blond |
| (4) Helga | | blau |
| (5) Er | ist/sind | glücklich |
| (6) Sie | | |
| (7) Es | | |
| (8) Das Auto | | |
| (9) Helga und Peter | | |
| (10) Vater und Mutter | | |

(c) *Beantworte:*
(*Beispiele:* Ist Frau Müller klein? Ja, sie ist klein.)
(Ist Peter Helgas Vater? Nein, er ist Helgas Bruder.)
(1) Ist Peter groß?
(2) Ist Herr Müller klein?
(3) Sind Vater und Mutter glücklich?
(4) Ist das Auto schwarz?
(5) Ist Frau Müller Peters Schwester?
(6) Sind Helga und Peter blond?
(7) Ist Helga Peters Mutter?
(8) Ist Heidi das Baby?
(9) Sind Helga und das Baby klein?
(10) Ist Heidi Helgas Schwester?

(d) *Ergänze:*
(*Beispiel:* Herr Müller ist – Vater. – ist groß.
Herr Müller ist der Vater. Er ist groß.)
(1) Hier ist – Auto. – ist blau.
(2) Helga ist – Schwester. – ist klein.
(3) Hier ist – Familie Müller. – ist glücklich.
(4) Peter ist – Bruder. – ist blond.
(5) Herr und Frau Müller sind – Vater und - Mutter. – sind nicht glücklich.
(6) Heidi ist – Baby. – ist klein.

## II DIE SCHULE

Das ist Herr Wagner.
Herr Wagner ist ein Mann.
Er ist Helgas und Peters Lehrer,
und er ist sehr klug.

Was ist das?
Das ist die Schule.
Die Schule ist ein Gymnasium,
und es ist ganz neu.

Wer ist Wolfgang?
Wolfgang ist ein Schüler.
Er ist Peters Freund.

Ist das Inge?
Ja, das ist Inge.
Inge ist eine Schülerin,
und sie ist Helgas Freundin.

Hier ist Frau Schmidt.
Sie ist Wolfgangs und Inges Lehrerin,
und sie ist sehr jung.

Wolfgang ist sehr dick, aber
Inge ist ganz hübsch.
Wolfgang und Inge sind fleißig,
aber Helga und Peter sind faul.

Was ist das?
Es ist ein Buch.
(das)

Was ist das?
Es ist die Tafel.

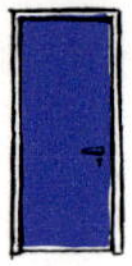

Was ist das?
Es ist eine Tür.
(die)

Was ist das?
Es ist ein Fenster.
(das)

Was ist das?
Es ist ein Tisch.
(der)

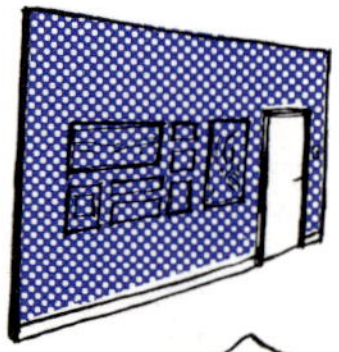

Was ist das?
Es ist die Wand.

Was ist das?
Es ist die Kreide.

---

der Freund
der Lehrer
der Mann
der Schüler
der Tisch

die Freundin
die Kreide
die Lehrerin
die Schule
die Schülerin
die Tafel
die Tür
die Wand

das Buch
das Fenster
das Gymnasium

ein
eine
ein

wer
was

dick
faul
fleißig
hübsch
jung
klug
neu

ganz
sehr

***der*** **Mann** ***ein*** **Mann**

***die*** **Frau** ***eine*** **Frau**

***das*** **Buch** ***ein*** **Buch**

**wer?** **wer?** **was?**

(a) *Beantworte:*

(1) Was ist das?
Es ist ein –.

(2) Was ist das?
Es ist die –.

(3) Wer ist das?
Es ist – Vater.

(4) Wer ist das?
Es ist – Mutter.

(5) Wer ist das?
Es ist – –.

(b) *Ergänze:*
(*Beispiel:* Herr Wagner ist – Mann.
Herr Wagner ist ein Mann.)
(1) Herr Wagner ist – Lehrer.
(2) Frau Schmidt ist – Lehrerin.
(3) Hier sind – Buch und – Wand.
(4) Das ist – Fenster.
(5) Wolfgang ist – Schüler.
(6) Das ist – Auto.
(7) Hier ist – Familie.
(8) Helga ist – Schülerin.
(9) Hier sind – Tisch und – Tür.
(10) Frau Müller ist – Mutter.

(c) *Bilde Sätze:*

| | | |
|---|---|---|
| (1) Herr Wagner | | hübsch |
| (2) Die Schule | | schwarz |
| (3) Frau Schmidt | | dick |
| (4) Wolfgang | | klug |
| (5) Inge | ist | groß |
| (6) Helga | | neu |
| (7) Peter | | fleißig |
| (8) Das Auto | | jung |
| (9) Herr Müller | | faul |
| (10) Frau Müller | | klein |

(d) *Beantworte:*
(1) Ist Herr Müller der Lehrer?
(2) Wer ist die Lehrerin?
(3) Wer ist Wolfgang?
(4) Ist Inge faul?
(5) Sind Herr Wagner und Frau Schmidt sehr klug?
(6) Ist die Schule ein Gymnasium?
(7) Ist sie neu?
(8) Ist Wolfgang Helgas Freundin?
(9) Sind Wolfgang und Inge faul?
(10) Ist Herr Wagner ein Schüler?

## III DAS KLASSENZIMMER

Hier ist ein Klassenzimmer.  Das Zimmer hat eine Decke. 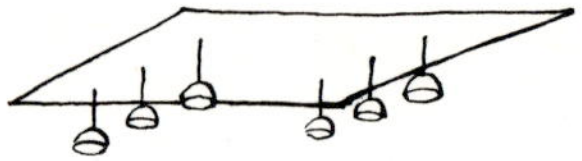 Ist die Decke schwarz?

 X Nein, die Decke ist nicht schwarz, sie ist weiß, aber schmutzig. Das Zimmer hat auch eine Lampe,

 eine Tür,  ein Fenster  und eine Tafel.  Hat das Zimmer ein Bett?

 X Nein, das Zimmer hat kein Bett. Es ist kein Schlafzimmer. Helga und Peter haben einen Lehrer. 

Der Lehrer ist sehr klug. Der Lehrer hat einen Stuhl  und einen Tisch. 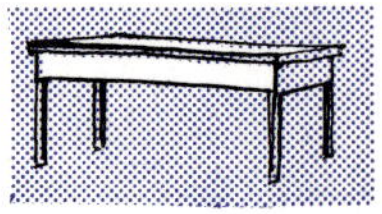

Was haben Sie, Herr Lehrer? Ich habe einen Stuhl und einen Tisch.  Und was haben Helga und Peter? Peter hat eine Tasche

 und einen Bleistift.  Helga hat einen Füllhalter  und ein Heft. 

Wer hat einen Kugelschreiber,  Helga oder Peter? Wir haben beide einen Kugelschreiber. Hast du einen Tisch, Peter? Nein, ich habe keinen Tisch, ich habe nur ein Pult  und einen Stuhl. Wer hat den Tisch? Der Lehrer hat den Tisch. Haben Helga und Peter das Buch? Ja, sie haben das Buch und auch ein Ringbuch. 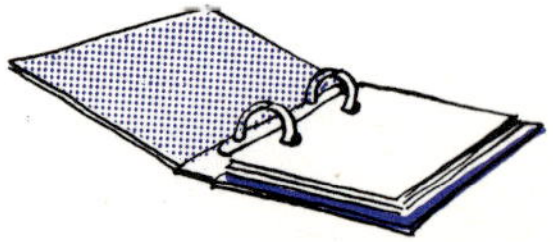

---

| | | | | | | |
|---|---|---|---|---|---|---|
| der Bleistift | die Decke | das Bett | beide | ich | haben | auch |
| der Füllhalter | die Lampe | das Heft | den | du | | nur |
| der Kugelschreiber | die Tasche | das Klassenzimmer | einen | wir | | oder |
| der Stuhl | | das Pult | kein | Sie | | |
| | | das Ringbuch | keinen | | | |
| | | das Schulzimmer | keine | | | |
| | | das Zimmer | schmutzig | | | |
| | | | weiß | | | |

**der Bleistift ist hier — ich habe den Bleistift**
**die Tasche ist hier — ich habe die Tasche**
**das Heft ist hier — ich habe das Heft**

**ein Bleistift ist klein — wir haben einen Bleistift**
**eine Tasche ist groß — wir haben eine Tasche**
**ein Heft ist neu — wir haben ein Heft**

| | |
|---|---|
| **ich habe** | **einen Bruder** |
| **du hast** | **eine Schwester** |
| **er hat** | **ein Auto** |
| **sie hat** | **einen Freund** |
| **es hat** | **eine Decke** |
| **wir haben** | **ein Pult** |
| **Sie haben** | **eine Tasche** |
| **sie haben** | **einen Kugelschreiber** |

**ich habe kein ~~nicht ein~~ Buch** — **ich habe keine ~~nicht eine~~ Tasche** — **ich habe keinen ~~nicht einen~~ Tisch**

(a) *Beispiel:* Das Zimmer – eine Decke.
Das Zimmer hat eine Decke.

(1) Peter – eine Freundin.
(2) Ich – einen Tisch
(3) Helga – eine Tasche, und sie – auch einen Füllhalter.
(4) Wir – ein Heft.
(5) Peter, – du einen Vater?
(6) Herr Lehrer, – Sie einen Stuhl?
(7) Helga und Peter – eine Mutter, und sie – auch eine Schwester.
(8) Der Schüler – einen Bleistift, und er – auch ein Ringbuch.
(9) Der Lehrer und die Lehrerin – ein Schulzimmer, und sie – auch Kreide.
(10) Das Zimmer – eine Lampe, und es – auch eine Decke.

(b) *Beispiel:* Der Lehrer hat – Tisch.
Der Lehrer hat den Tisch.

(1) Peter hat – Bleistift.
(2) Wolfgang und Inge haben – Heft.
(3) Ich habe – Stuhl.
(4) Sie hat – Füllhalter.
(5) Der Lehrer hat – Kreide.

*Beispiel:* Der Mann hat – Freund.
Der Mann hat einen Freund.

(6) Der Schüler hat – Freundin.
(7) Wir haben – Lehrer.
(8) Frau Müller hat – Baby.
(9) Ich habe – Ringbuch.
(10) Herr Wagner, haben Sie – Kugelschreiber?

(c) *Beispiel:* Hat Peter ein Buch? Nein, er hat kein Buch.

(1) Hat Helga einen Bleistift? Nein . . .
(2) Hat das Zimmer ein Bett? Nein . . .
(3) Ist Herr Müller ein Lehrer? Nein . . .
(4) Haben Helga und Peter einen Tisch? Nein . . .
(5) Hat der Lehrer einen Kugelschreiber? Nein . . .
(6) Ist Wolfgang eine Schülerin? Nein . . .
(7) Hast du ein Auto? Nein . . .
(8) Hat die Schule ein Schlafzimmer? Nein . . .
(9) Haben Herr und Frau Müller ein Ringbuch? Nein . . .
(10) Hat der Mann einen Freund? Nein . . .

(d) *Beschreibe die Familie und das Klassenzimmer:*

(1) Hast du einen Vater, eine Mutter, einen Bruder, eine Schwester?
(2) Hat die Familie ein Auto?
(3) Hast du einen Freund/eine Freundin?
(4) Ist er/sie groß oder klein?
(5) Was hat das Klassenzimmer?
(6) Wer hat den Tisch?
(7) Wer ist der Lehrer/die Lehrerin?
(8) Ist er/sie jung?
(9) Was haben der Schüler und die Schülerin?
(10) Was hast du?

## IV DIE SCHULSTUNDE

Helga und Peter haben heute eine Schulstunde: ihre Klasse ist ganz groß, und Herr Wagner ist ihr Lehrer. Herr Wagner sagt: „Guten Morgen! Wer fehlt?"

Helga antwortet: „Zwei fehlen, ein Junge und ein Mädchen. Werner Eisner ist krank. Renate Pott fehlt auch: ihre Mutti und ihr Vati sind krank."

Der Lehrer sagt: „Peter, hast du ein Buch?" und Peter antwortet: „Nein, ich habe meine Mappe nicht. Meine Mappe und mein Buch sind zu Hause."

Herr Wagner sagt plötzlich: „Was machst du?" und der Junge antwortet: „Ich zeichne meine Schwester Heidi, Herr Wagner. Sie ist unser Baby."

Die Klasse lacht, und der Lehrer ist sehr zornig. „Peter, warum arbeitest du nicht? Du hast dein Buch nicht, und deine Arbeit ist schlecht."

Herr Wagner sagt: „Das ist nicht gut; ich bin zornig. Du bist sehr faul, mein Kind. Wir machen jetzt unsere Arbeit, und wir arbeiten fleißig."

---

| | | | | | | |
|---|---|---|---|---|---|---|
| der Junge | die Arbeit | das Kind | antworten | mein(e) | gut | heute |
| der Vati | die Klasse | das Mädchen | arbeiten | dein(e) | krank | jetzt |
| | die Mappe | | fehlen | sein(e) | plötzlich | warum |
| | die Mutti | | lachen | ihr(e) | schlecht | zu Hause |
| | die Stunde | | machen | unser(e) | zornig | |
| | | | sagen | | | |
| | | | zeichnen | | | |

**MACHEN**

| | | | |
|---|---|---|---|
| **ich** | **mache** | ***mein*** | **Bett** |
| **du** | **machst** | ***dein*** | **Bett** |
| **der Junge** | **macht** | ***sein*** | **Bett** |
| **die Schwester** | **macht** | ***ihr*** | **Bett** |
| **das Kind** | **macht** | ***sein*** | **Bett** |
| **wir** | **machen** | ***unsere*** | **Arbeit** |
| **Sie** | **machen** | ***Ihre*** | **Arbeit** |
| **sie** | **machen** | ***ihre*** | **Arbeit** |

**SEIN**

**ich bin ein Junge**

**du bist mein Freund**

**er ist unser Lehrer**

**sie ist unsere Freundin**

**es ist sein Auto**

**wir sind sehr glücklich**

**Sie sind sehr faul**

**sie sind sehr zornig**

(a) *Beispiel:* Peter hat ein Buch. Hier ist – Buch.
Peter hat ein Buch. Hier ist sein Buch.

(1) Helga hat eine Mappe. Hier ist – Mappe.
(2) Ich habe einen Bleistift. Hier ist – Bleistift.
(3) Der Vater und die Mutter haben eine Familie. Hier ist – Familie.
(4) Der Junge hat einen Lehrer. Hier ist – Lehrer.
(5) Du hast ein Bett. Hier ist – Bett.
(6) Wir haben eine Klasse. Hier ist – Klasse.
(7) Haben Sie ein Kind? Hier ist – Kind.
(8) Die Schülerin hat ein Buch. Hier ist – Buch.
(9) Ich habe eine Schwester. Hier ist – Schwester.
(10) Wir haben einen Freund. Hier ist – Freund.
(11) Der Lehrer und die Lehrerin haben einen Tisch. Hier ist – Tisch.
(12) Der Mann hat eine Freundin. Hier ist – Freundin.
(13) Haben Sie eine Tasche? Hier ist – Tasche.

(b) *Ergänze:*

| | |
|---|---|
| (1) Das Mädchen – sehr fleißig. | (arbeiten) |
| (2) Der Lehrer – : „Peter, warum – du?“ | (sagen, lachen) |
| (3) Wir – unsere Arbeit. | (machen) |
| (4) Der Vater und die Mutter – nicht. | (antworten) |
| (5) Peter – das Baby. | (zeichnen) |
| (6) Was – Sie, Herr Lehrer? | (machen) |
| (7) Eine Schülerin – heute. | (fehlen) |
| (8) Peter – : „Ich – nicht.“ | (sagen, arbeiten) |
| (9) Die Mutter – : „Was – du?“ | (antworten, zeichnen) |
| (10) Der Schüler und die Schülerin – . | (lachen) |

(c) *Beantworte:*

(1) Was haben Helga und Peter?
(2) Ist ihre Klasse klein?
(3) Was sagt ihr Lehrer?
(4) Wer fehlt heute?
(5) Was zeichnet Peter?
(6) Wer ist Heidi?
(7) Was macht die Klasse?
(8) Arbeitet Peter fleißig?
(9) Ist Herr Wagner glücklich?
(10) Wer ist krank?

# V DIE WOHNUNG

Hier ist Peters Schlafzimmer: es hat einen Schreibtisch, ein Bett und einen Schrank für Peters Hefte. Peter geht durch die Schiebetür in sein Zimmer.

Hier ist Helgas Schlafzimmer: es hat ein Bett für Helga und ein Kinderbett für das Baby. Heidi spielt mit Helga.

Hier ist das Wohnzimmer: es hat zwei Sessel, einen Eßtisch für das Mittagessen, eine Stehlampe und zwei Schreibtische.

Hier ist ein Schlafzimmer: es hat zwei Fenster, einen Kleiderschrank und einen Spiegel.

Frau Müllers Wohnung hat sechs Zimmer: drei Schlafzimmer, ein Wohnzimmer, ein Badezimmer und eine Küche. Im Wohnzimmer sind zwei Sessel für den Vater und die Mutter. Helga geht durch den Flur in ihr Schlafzimmer und spielt mit Heidi. Frau Müller geht in die Küche und steckt die Löffel in das Becken.

---

der Eßtisch
der Flur
der Kleiderschrank
der Löffel
der Schrank
der Schreibtisch

der Sessel
der Spiegel

die Gardine
die Küche
die Schiebetür
die Stehlampe
die Treppe
die Wohnung

das Bad
das Badezimmer
das Becken
das Kinderbett
das Mittagessen
das Schlafzimmer

das Wohnzimmer

gehen
sitzen
spielen
stecken

durch
für
in
mit
um

ein Tisch — zwei Tische
ein Bleistift — zwei Bleistifte
ein Heft — zwei Hefte
ein Pult — zwei Pulte
ein LehrER — zwei LehrER
ein FenstER — zwei FenstER
ein SessEL — zwei SessEL
ein LöffEL — zwei LöffEL
ein BeckEN — zwei BeckEN
ein MädchEN — zwei MädchEN

(a) *Beispiel:* ein Eßtisch —zwei Eßtische

(1) ein Badezimmer — zwei –
(2) ein Mittagessen — zwei –
(3) ein Wohnzimmer — zwei –
(4) ein Schüler — zwei –
(5) ein Schulzimmer — zwei –
(6) ein Freund — zwei –
(7) ein Füllhalter — zwei –
(8) ein Spiegel — zwei –
(9) ein Kugelschreiber — zwei –
(10) ein Zimmer — zwei –

(b) *Ergänze:*

(1) Mutti geht – – Flur – – Küche.
(2) Vati geht – – Wohnzimmer – – Badezimmer.
(3) Ich stecke das Baby – – Kleiderschrank.
(4) – Wohnzimmer sind zwei Sessel.
(5) – – Tisch sind drei Schüler.
(6) Der Sessel ist – – Vater.

(c) *Beantworte:*

(1) Was hat Peters Schlafzimmer?
(2) Was macht Peter?
(3) Ist das Kinderbett für Helga?
(4) Was machen Helga und Heidi?
(5) Wer steckt die Löffel in das Becken?
(6) Wer geht in die Küche?
(7) Was hat Frau Müllers Schlafzimmer?

(d) Zeichne oder beschreibe deine Wohnung, dein Wohnzimmer oder dein Schlafzimmer.



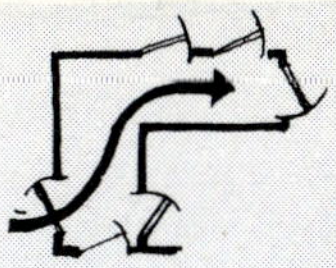

**ich gehe DURCH DEN Flur**

**du gehst DURCH DIE Tür**

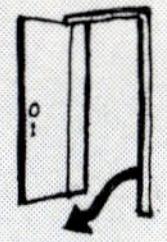

**Vati geht DURCH DAS Wohnzimmer**

**Mutti geht IN DIE Küche**

**Heidi geht IN DEN Kleiderschrank**

**wir gehen IN DAS Schlafzimmer**

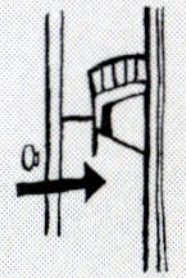

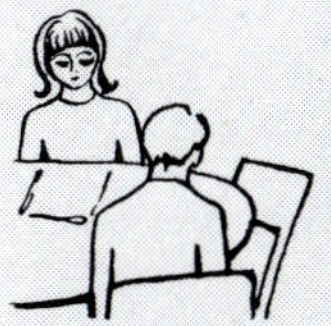

**Sie sitzen UM DEN Eßtisch**

**Die Müllers sitzen UM DIE Stehlampe**

**Die Mädchen sitzen UM DAS Bett**

**Das Buch ist FÜR DEN Vater**

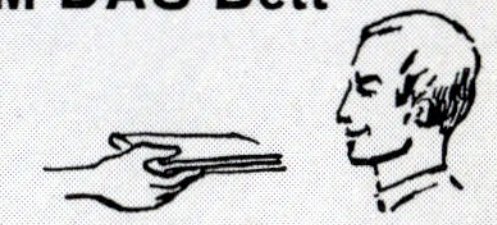

**Die Tasche ist FÜR DIE Mutter**

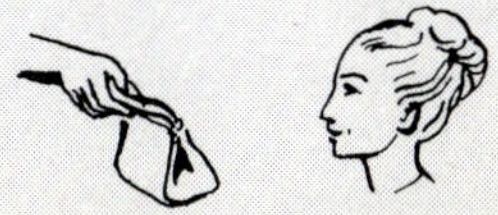

**Der Bleistift ist FÜR DAS Kind**

# VI SAMSTAG

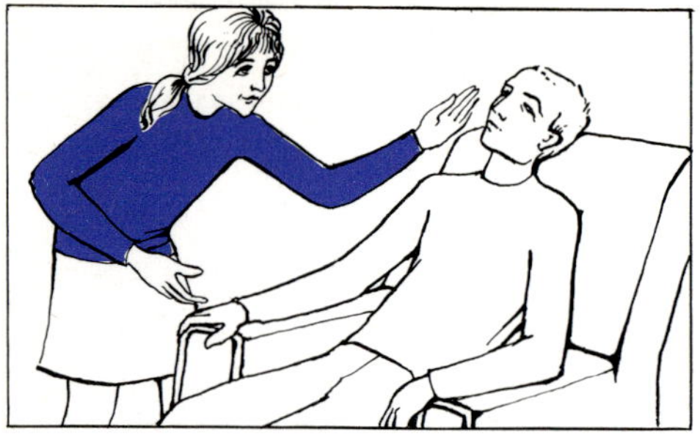

Heute ist Samstag. Es ist keine Schule, und Helga und Peter haben den Tag frei. „Ach, ich bin so müde heute," sagt Peter. „Ich arbeite so fleißig." „Du bist immer müde," antwortet seine Schwester, „du bist wie ein Baby!"

„Vati, was machst du heute?" fragt Helga. Herr Müller antwortet: „Ich nehme den Wagen und fahre mit Mutti in die Stadt." Aber Mutti sagt: „Ach nein, du fährst ohne mich. Ich habe viel Arbeit hier."

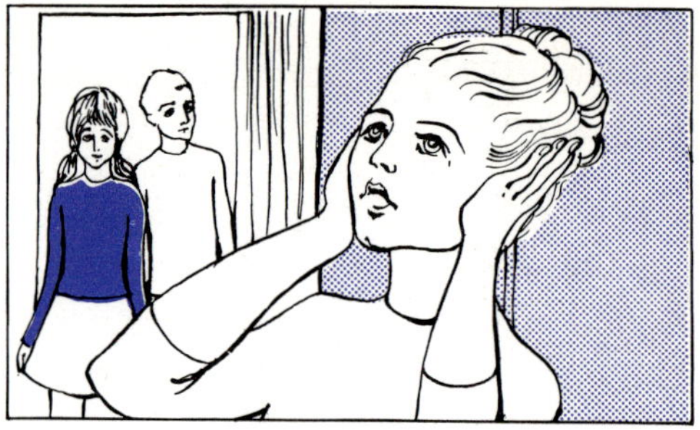

„Und was macht ihr beide?" fragt Herr Müller. Peter antwortet: „Inge und Wolfgang kommen, und wir hören Schallplatten." „Nein, heute nicht," sagt die Mutter. „Ihr macht viel Lärm."

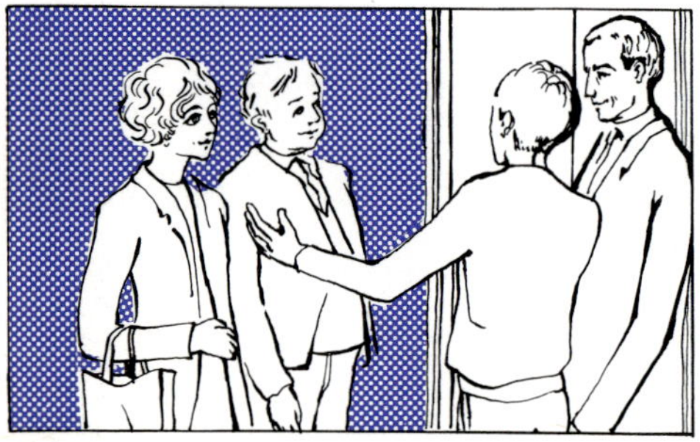

Helga sagt: „Sie sind hier!" und geht durch den Flur. Inge und Wolfgang sind dort. Peter sagt: „Guten Tag, Wolfgang, wie geht's?" Wolfgang antwortet: „Gut, danke." „Vati, du kennst den Wolfgang?" Herr Müller antwortet: „Ja, ich kenne ihn gut."

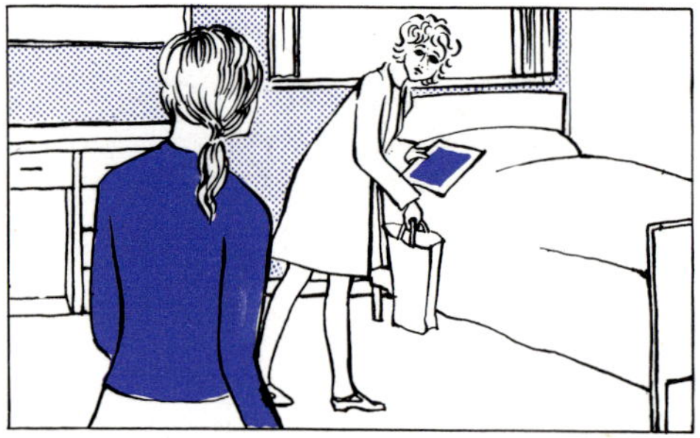

Sie gehen durch das Wohnzimmer in das Schlafzimmer. Inge stellt ihre Tasche gegen die Wand. „Habt ihr etwas für uns?" fragt Helga. Inge antwortet: „Ja, ich habe eine Schallplatte für dich, Helga."

„O wie schön!" sagt Helga glücklich. Sie nimmt die Platte. „Peter, Inge hat eine Platte für uns—mit Freddy Quinn. Ich habe ihn sehr gern. Danke, Inge! Spielst du sie für mich?" fragt sie ihren Bruder. „Ja," sagt Peter, „ich mache das gern."

---

der Lärm
der Samstag
der Tag
der Wagen
der Wunsch

die Schallplatte
die Stadt

fahren
fragen
es gibt
hören
kennen
nehmen
stellen

frei
müde
schön

dich
ihn
mich
uns

danke
dort
gegen
gern
immer
ohne

so
viel
wie

Vater sagt: „Peter, ***du machst*** viel Lärm."
Helga sagt: „Mutti, ***du fährst*** in die Stadt."
Mutter sagt: „Peter und Helga, ***ihr macht*** viel Lärm."
Peter sagt: „Vati und Mutti, ***ihr fahrt*** in die Stadt."
Helga sagt: „Herr Lehrer, ***Sie sind*** heute sehr zornig."
Herr Wagner sagt: „Frau Müller, ***Sie sind*** sehr klug."

***ich*** habe eine Schallplatte. Die Schallplatte ist für ***mich***.
***du*** hast ein Auto. Das Auto ist für ***dich***.
***er*** kennt den Freund. Er kennt ***ihn***.
***sie*** kennt die Lehrerin. Sie kennt ***sie***.
***es*** nimmt das Buch. Es nimmt ***es***.
***wir*** haben eine Schule. Die Schule ist für ***uns***.
***Sie*** haben ein Heft. Das Heft ist für ***Sie***.
***sie*** haben eine Wohnung. Die Wohnung ist für ***sie***.

| FAHREN | NEHMEN |
|---|---|
| ich fahre | ich nehme |
| du fährst | du nimmst |
| er fährt | er nimmt |
| sie fährt | sie nimmt |
| es fährt | es nimmt |
| wir fahren | wir nehmen |
| ihr fahrt | ihr nehmt |
| Sie fahren | Sie nehmen |
| sie fahren | sie nehmen |

(a) *Schreibe die Frage:*

(b) *Ergänze mit durch, für, gegen, ohne, um, wider, in:*

(1) Der Mann fährt – – Frau.

(2) – – Eßtisch sitzt die Familie.

(3) Die Wagen fahren – – Stadt.

(4) Peter stellt die Platte – – Bett.

(5) Der Löffel ist – – Baby.

(6) Der Lehrer geht – – Klasse.

(7) Das Auto fährt – – Schule.

(8) Der Mann geht – – Küche.

(9) Die Schüler gehen – – Wohnzimmer.

# VII DER LADEN

Heute geht Frau Müller in den Laden; Herr Lehmann fragt: „Guten Morgen, Frau Müller, was brauchen Sie heute?" „Guten Tag, Herr Lehmann," antwortet Frau Müller, „ich nehme einen Liter Milch, bitte, und ein Kilo Zucker, und dann brauche ich etwas Butter, ein Pfund, bitte." „Also ein Pfund Butter," sagt Herr Lehmann, „Was noch, bitte?" Er schreibt alles in sein Ringbuch. „Etwas für das Mittagessen?" „Nein, danke, das alles habe ich schon," antwortet Frau Müller, „aber etwas Obst nehme ich auch—haben Sie Birnen da?" „Ja, sie sind sehr gut, Frau Müller, und zwei Mark das Kilo—sehr preiswert." „Also vier Stück, bitte, Herr Lehmann, und dann ein Kilo Kirschen, geht das?" „Die Kirschen sind vier Mark das Kilo, Frau Müller." „Ach nein, das ist zu teuer. Haben Sie noch etwas—Apfelsinen? Unsere Helga hat so gern Apfelsinen." „Jawohl, Frau Müller, die Apfelsinen sind auch sehr preiswert: drei Mark das Kilo." „Schön, also sechs Stück, bitte." „Jawohl, Frau Müller. Haben Sie noch einen Wunsch?" „Ach ja, Herr Lehmann, ich brauche immer Kuchen: was haben Sie für Kuchen?" „Der Obstkuchen ist heute sehr gut, Frau Müller." „Ich nehme also nur drei Stück Kuchen—mein Mann hat eben nicht gern Kuchen—und das ist alles." „Das macht also eine Mark für die Milch, eine Mark für den Zucker und zwei Mark für die Butter, und das Obst—Birnen und Apfelsinen vier Mark fünfzig, und der Kuchen eine Mark fünfzig: das alles macht zehn Mark." „Hier sind zehn Mark, Herr Lehmann." „Danke, Frau Müller, ich stecke alles in Ihre Tasche, ja?" „Danke schön, Herr Lehmann, und Auf Wiedersehen!"

der Kuchen
der Laden
der Liter
der Zucker

die Apfelsine
die Birne
die Butter
die Kirsche
die Mark
die Milch

das Kilo
das Obst
das Pfund
das Stück

brauchen
schreiben
bitte!

preiswert
teuer

alles
also
Auf Wiedersehen!
da
dann
eben

etwas
jawohl!
noch
schon
zu

| 1 | 2 | 3 |
|---|---|---|
| **Heute** | **geht** | **Frau Müller in den Laden** |
| **(und) dann** | **brauche** | **ich etwas Butter** |
| **das alles** | **habe** | **ich schon** |
| **(aber) etwas Obst** | **nehme** | **ich auch** |
| **der Obstkuchen** | **ist** | **heute sehr gut** |

| | | | | |
|---|---|---|---|---|
| **die Klasse** | + | **DAS Zimmer** | = | **DAS Klassenzimmer** |
| **das Obst** | + | **DER Kuchen** | = | **DER Obstkuchen** |
| **die Schule** | + | **DAS Zimmer** | = | **DAS Schulzimmer** |
| **der Ring** | + | **DAS Buch** | = | **DAS Ringbuch** |
| **der Schall** | + | **DIE Platte** | = | **DIE Schallplatte** |
| **der Mittag** | + | **DAS Essen** | = | **DAS Mittagessen** |
| **die Kugel** | + | **DER Schreiber** | = | **DER Kugelschreiber** |

(a) *Beispiel:* Heute geht *Frau Müller* in den Laden.
Frau Müller geht heute in den Laden.

(1) Etwas Obst nehme *ich* auch.
(2) Der Obstkuchen ist *heute* sehr gut.
(3) Dann brauche ich *etwas Butter*.
(4) „Was brauchen Sie heute?" fragt *Herr Lehmann.*
(5) Frau Müller antwortet: „*Ich nehme einen Liter Milch.*"
(6) Unsere Helga hat so gern *Apfelsinen.*
(7) Ich brauche *immer* Kuchen.
(8) Inge stellt *ihre Tasche* gegen die Wand.
(9) Ich bin so müde *heute.*
(10) Er steckt *die Löffel* in das Becken.

| | |
|---|---|
| **die Apfelsine** | **die Apfelsinen** |
| **die Birne** | **die Birnen** |
| **die Familie** | **die Familien** |
| **die Gardine** | **die Gardinen** |
| **die Klasse** | **die Klassen** |
| **die Küche** | **die Küchen** |
| **die Lampe** | **die Lampen** |
| **die Mappe** | **die Mappen** |
| **die Schallplatte** | **die Schallplatten** |
| **die Schule** | **die Schulen** |
| **die Stunde** | **die Stunden** |
| **die Tasche** | **die Taschen** |
| **die Treppe** | **die Treppen** |
| **das Stück** | **die Stücke** |

**ABER: drei Stück Kuchen**

(b) *Beispiel:* Eine Klasse hat ein Schulzimmer.
Zwei Klassen haben zwei Schulzimmer.

(1) Ein Schüler hat einen Bleistift.
(2) Ein Badezimmer hat ein Fenster.
(3) Ein Freund hat einen Füllhalter.
(4) Ein Mädchen hat ein Stück Kuchen.
(5) Ein Wohnzimmer hat eine Stehlampe.
(6) Ein Lehrer hat eine Mappe.
(7) Eine Familie hat eine Küche.
(8) Ein Schlafzimmer hat einen Tisch.
(9) Ich habe eine Birne für ein Mittagessen.
(10) Ich habe ein Heft und ein Pult.

(c)

| | | | | | |
|---|---|---|---|---|---|
| (1) | Der Schrank | + | das Fenster | = | ? |
| (2) | Das Buch | + | der Laden | = | ? |
| (3) | Der Tisch | + | die Lampe | = | ? |
| (4) | Die Kreide | + | das Stück | = | ? |
| (5) | Das Bett | + | die Decke | = | ? |
| (6) | Die Milch | + | der Mann | = | ? |
| (7) | Der Lehrer | + | die Wohnung | = | ? |
| (8) | Die Feier | + | der Tag | = | ? |

# VIII EIN ABEND ZU HAUSE

Heute abend ist die Familie Müller zu Hause. Unser Herr Müller ist sehr müde. Er arbeitet sehr fleißig für seine Familie, und jetzt braucht er Ruhe. Seine Frau holt zwei Zeitungen für ihn, und Helga und Peter holen Kirschen für ihren Vater. Herr Müller nimmt eine Zeitung und steckt eine Kirsche in den Mund. Aber sein Sessel ist sehr bequem, und bald schläft er.

Sein Sohn Peter und seine Tochter Helga sitzen um den Tisch. Peter macht die Schulaufgabe für seinen Lehrer, und sie ist sehr schwer. „Mutti," sagt der Junge, „die Aufgabe ist sehr schwer—bitte, machst du sie für mich?" „Ich habe keine Zeit, Peter," sagt Frau Müller, „und deinen Vater frage ich nicht."

„Du hast aber doch Zeit, Mutti; du kennst unseren Freund Wolfgang, seine Mutter macht immer die Schularbeit für ihn. Frauen haben keine Arbeit!" „Helga und Peter!" antwortet Frau Müller, „Euer Vater schläft, ihr habt eure Arbeit, und ich backe einen Kuchen für euch."

Die Mutter geht in die Küche. Sie bäckt einen Kuchen für ihren Mann. Aber Helga hat gar nichts zu machen, und sie hat den Abend frei. „Ich hole einen Stuhl," sagt sie. „Hier sind schon drei Stühle!" antwortet ihr Bruder. „Aber ich brauche meinen Stuhl!" sagt das Mädchen, „Er ist sehr bequem!" und sie geht in ihr Schlafzimmer.

Hier schläft Heidi. Helga holt ihren Stuhl, aber der Stuhl fällt zu Boden, und Heidi weint sehr laut. Frau Müller hört den Lärm durch die Wände und kommt sofort in das Schlafzimmer. „Was machst du dort?" fragt sie ihre Tochter. „Nichts—ich hole nur meinen Stuhl," antwortet Helga, „und jetzt weint das Baby so sehr."

Frau Müller geht wieder in die Küche. „Ach! mein Kuchen, mein Kuchen!" Peter steckt die Hände in die Taschen und lacht. Aber sein Vater schläft nicht mehr und ist zornig. „Ruhe! Ruhe! Helga, warum machst du so viel Lärm? Jetzt gehst du sofort schlafen. Das Baby weint, Peter arbeitet nicht, und ich habe keine Ruhe. Was für ein Abend!"

---

| | | | | | |
|---|---|---|---|---|---|
| der Abend | die Hand | backen | schlafen | euch | gar |
| der Boden | die Ruhe | fallen | weinen | nichts | laut |
| der Mund | die Schulaufgabe | holen | | bald | mehr |
| der Sohn | die Tochter | kommen | | bequem | schwer |
| | die Zeit | | | doch | sofort |
| | die Zeitung | | | euer (e) | wieder |

| | | |
|---|---|---|
| ich kenne | MEINEN | Freund |
| du brauchst | DEINEN | Kugelschreiber |
| er holt | SEINEN | Bruder |
| sie fragt | IHREN | Lehrer |
| es nimmt | SEINEN | Löffel |
| wir fahren | UNSEREN | Wagen |
| ihr bringt | EUREN | Stuhl |
| Sie zeichnen | IHREN | Vater |
| sie hören | IHREN | Opa |

| BACKEN | FALLEN | SCHLAFEN |
|---|---|---|
| ich backe | ich falle | ich schlafe |
| du bäckst | du fällst | du schläfst |
| er bäckt | er fällt | er schläft |
| sie bäckt | sie fällt | sie schläft |
| es bäckt | es fällt | es schläft |
| wir backen | wir fallen | wir schlafen |
| ihr backt | ihr fallt | ihr schlaft |
| Sie backen | Sie fallen | Sie schlafen |
| sie backen | sie fallen | sie schlafen |

(a) *Beantworte:*

(1) Was macht die Familie Müller heute abend?
(2) Wie arbeitet der Vater?
(3) Was braucht Herr Müller?
(4) Was holen Helga und Peter für ihren Vater?
(5) Was macht Peter?
(6) Wer hat den Abend frei?
(7) Was macht Heidi?
(8) Wer kommt dann in das Schlafzimmer?
(9) Was sagt der Vater?
(10) Ist der Vater glücklich?

(b) *Ergänze:*

(1) Wie  du, Vati?

Der Vater  gut.

**ihr habt einen Kuchen. Er ist euer Kuchen. Er ist für euch.**
**ihr schreibt eine Aufgabe. Sie ist eure Aufgabe. Sie ist für euch.**
**ihr fahrt ein Auto. Es ist euer Auto. Es ist für euch.**

| | | | |
|---|---|---|---|
| die Frau | drei Frauen | der Stuhl | fünf Stühle |
| die Tür | drei Türen | der Schrank | fünf Schränke |
| das Bett | drei Betten | die Hand | zwei Hände |
| die Zeitung | drei Zeitungen | die Wand | vier Wände |
| die Wohnung | drei Wohnungen | die Stadt | drei Städte |

(2) Der Stuhl 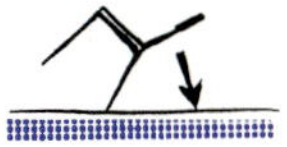 zu Boden.

(3) Was  du, Mutti? Die Mutter  einen Kuchen.

(4) Der Junge 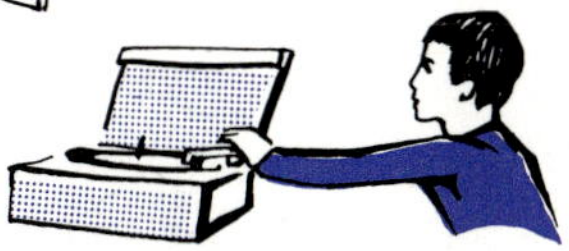 die Schallplatte.

(5) Der Lehrer  den Wagen.

(6) „Wolfgang und Inge, ihr  zu viel Lärm.“

(7) „Herr Wagner, Sie 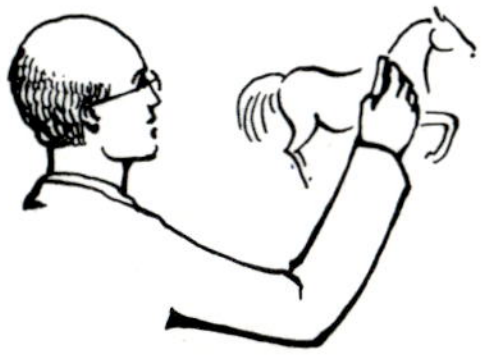 sehr gut.“

(8) Der Mann und die Frau  in die Stadt.

(9) „Peter und Helga, warum  ihr?“

(10) Wir  sehr fleißig.

# IX EIN GEBURTSTAG

Heute haben Peter und Helga Geburtstag, und sie bekommen viele Geschenke. Onkel Hans kommt zu Besuch; er schenkt seinem Neffen zwei Bücher und seiner Nichte einen Ring. „Ach, Onkel, danke schön, er ist so hübsch!" sagt Helga glücklich, „Jetzt bin ich wirklich ein Fräulein." „Jawohl," sagt der Onkel, „Du bist nicht mehr jung, du bist vierzehn Jahre alt!"

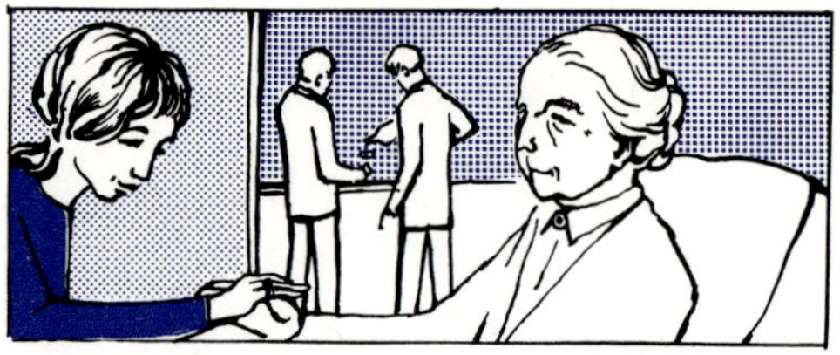

Herr Müller gibt dem Onkel etwas zu trinken, und Onkel Hans wünscht dem Jungen und dem Mädchen alles Gute. Dann kommt die Oma durch die Tür und bringt ihr Geschenk—Geld, wie immer. „Euer Opa und ich wünschen euch viel Glück!" sagt sie. „Ach! Oma, zehn Mark! Wie schön!" sagt Peter, „Ihr seid gar zu großzügig!"

Frau Müller kommt in das Wohnzimmer und gibt ihrer Mutter einen Kuß. „Ich gehe jetzt nach Hause," sagt die Oma. „Ich komme morgen wieder und bringe deinem Mann etwas Obst für sein Mittagessen. Auf Wiedersehen!" „Auf Wiedersehen, und danke schön!" sagt Frau Müller. „Die Kinder sind so glücklich!"

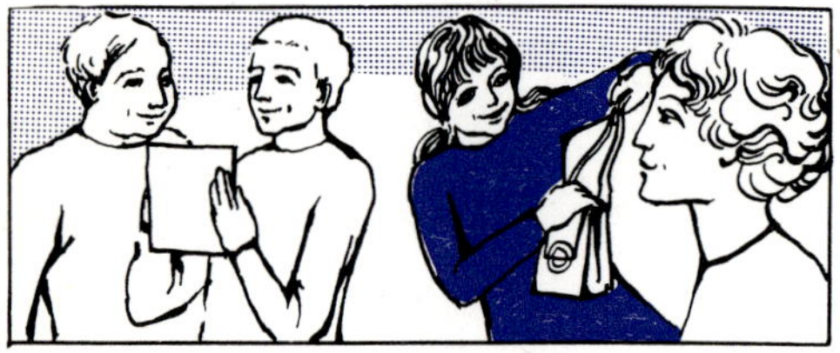

Dann kommen Wolfgang und Inge und bringen auch Geschenke. Wolfgang gibt Peter eine Schallplatte, und Inge gibt Helga eine Handtasche. Helga ist sehr glücklich und gibt Inge einen Kuß; Wolfgang sagt: „Ich gebe meiner Freundin auch einen Kuß!" aber Helga sagt: „Nein, das sage ich meinem Vater!" Wolfgang und Peter lachen laut.

Später kommt Herr Müller in das Wohnzimmer, und Helga zeigt ihrem Vater ihre Geschenke. „Wie schön!" sagt er, „Ich zeige sie auch deiner Mutter, ja?", und er nimmt den Ring und die Handtasche in die Küche. Dort macht Frau Müller alles fertig für die Geburtstagsfeier—sie bäckt viele Kuchen für Helgas und Peters Freunde.

Herr und Frau Müller geben ihrer Tochter und ihrem Sohn noch kein Geschenk; aber später bekommen die Kinder zwei Fahrräder. „Wir gehen sofort und zeigen sie unserem Freund Wolfgang!" sagt Peter. „Wir kommen bald wieder!" Frau Müller lacht: „Einem Sohn wie Peter gibt man gern alles." „Und einer Tochter wie Helga versagt man nichts!" sagt Herr Müller.

---

der Besuch
der Geburtstag
der Kuß
der Neffe
der Onkel
der Opa

die Feier
die Nichte
die Oma

das Fahrrad
das Fräulein
das Geld
das Geschenk
das Glück
das Jahr

bekommen
bringen
geben
schenken
trinken
versagen
wünschen
zeigen

alt
fertig
großzügig
später
wirklich

man
nach Hause

| | | | | | | | | | |
|---|---|---|---|---|---|---|---|---|---|
| **ich** | **gebe** | **meinem** | **Kind** | **ein Geschenk** | **—** | **ich** | **schenke** | **es** | **dem Kind** |
| **du** | **gibst** | **deiner** | **Mutter** | **eine Kirsche** | **—** | **du** | **schenkst** | **sie** | **der Mutter** |
| **er** | **gibt** | **seinem** | **Sohn** | **ein Fahrrad** | **—** | **er** | **schenkt** | **es** | **dem Sohn** |
| **sie** | **gibt** | **ihrer** | **Tochter** | **eine Handtasche** | **—** | **sie** | **schenkt** | **sie** | **der Tochter** |
| **es** | **gibt** | **seinem** | **Vater** | **einen Kuß** | **—** | **es** | **schenkt** | **ihn** | **dem Vater** |
| **wir** | **geben** | **unserer** | **Freundin** | **einen Füllhalter** | **—** | **wir** | **schenken** | **ihn** | **der Freundin** |
| **ihr** | **gebt** | **eurem** | **Lehrer** | **ein Buch** | **—** | **ihr** | **schenkt** | **es** | **dem Lehrer** |
| **Sie** | **geben** | **Ihrer** | **Oma** | **eine Stehlampe** | **—** | **Sie** | **schenken** | **sie** | **der Oma** |
| **sie** | **geben** | **ihrem** | **Onkel** | **ein Ringbuch** | **—** | **sie** | **schenken** | **es** | **dem Onkel** |

**Ich sage meiner Oma: „Auf Wiedersehen!"**
**Du sagst deinem Neffen: „Viel Glück!"**
**Er sagt seiner Nichte: „Guten Tag!"**
**Sie sagt ihrem Bruder: „Alles Gute!"**
**Der Lehrer sagt einem Schüler: „Ich bin zornig!"**
**Die Lehrerin sagt einer Schülerin: „Du bist faul!"**

**DER Junge ist vierzehn Jahre alt. Ich kenne DEN JungeN.**
**Ich wünsche DEM JungeN alles Gute.**
**DER Neffe hat heute Geburtstag. Ich kenne DEN NeffeN.**
**Ich schenke DEM NeffeN ein Buch.**
**DER Herr ist zornig. Ich kenne DEN HerrN.**
**Ich sage DEM HerrN „Auf Wiedersehen!"**

(a) *Ergänze:*
(1) Ich wünsche mei– Onkel viel Glück.
(2) Frau Müller sagt d– Mädchen „Guten Morgen!"
(3) Wir geben unse– Lehrer ein Geschenk
(4) Was schenken Sie Ih– Lehrerin?
(5) Wolfgang zeigt sei– Freund eine Schallplatte.
(6) Inge und Helga bringen ih– Lehrerin eine Handtasche.
(7) Kinder, was gebt ihr eur– Oma für ihren Geburtstag?
(8) Du zeigst dei– Bruder dein Fahrrad.
(9) Wir bringen d– Jung– zwei Kirschen.
(10) Ich gebe mei– Neff– einen Kuß.

(b) *Beantworte:*
*Beispiel:* Was gibt der Onkel seinem Neffen?
Er gibt seinem Neffen zwei Bücher. Er gibt sie seinem Neffen.
(1) Was schenkt der Onkel seiner Nichte?
(2) Was gibt die Oma dem Jungen und dem Mädchen?
(3) Was gibt Frau Müller ihrer Mutter?
(4) Was zeigt Helga ihrem Vater?
(5) Was schenkt Wolfgang seinem Freund Peter?
(6) Was gibt Inge ihrer Freundin Helga?
(7) Was gibt Helga ihrer Freundin Inge?
(8) Was schenken Herr und Frau Müller ihrer Tochter und ihrem Sohn?
(9) Was zeigen Helga und Peter ihrem Freund?
(10) Was bringt die Oma Herrn Müller?

(c) *Beantworte:*
(1) Ist Peters Fahrrad alt?
(2) Wie alt ist Helga jetzt?
(3) Wie alt bist du?
(4) Wie alt ist dein Bruder/deine Schwester?
(5) Was wünscht der Onkel dem Jungen und dem Mädchen?
(6) Was wünschen der Opa und die Oma dem Jungen und dem Mädchen?
(7) Was sagt die Oma ihrer Tochter?
(8) Was macht Frau Müller für die Feier?
(9) Was sagt der Lehrer seiner Klasse?
(10) Was sagst du deinem Lehrer/deiner Lehrerin?

# X EIN BESUCH

Helga und Peter sind sehr aufgeregt. Sie bekommen Besuch von Onkel Burkhard. Er ist Frau Müllers Bruder und wohnt seit einem Jahr in Berlin. Die Kinder haben ihn sehr gern, denn er ist sehr dick und auch sehr nett. Er gibt ihnen immer Geschenke. Herr Müller holt die Kinder aus der Schule und fährt dann mit ihnen zu dem Bahnhof.

Bald sehen die Kinder ihren Onkel. Er steht gegenüber dem Bahnhof bei seinem Koffer. Nach der Reise ist er ganz müde und schmutzig. Herr Müller sagt: „Guten Tag, Burkhard, wie geht's?“ und gibt ihm die Hand. „Gut, danke,“ antwortet Onkel Burkhard, „und wie geht's euch, Helga und Peter?“ Er gibt ihnen auch die Hand.

Zu Hause gibt Onkel Burkhard seiner Schwester einen Kuß und schenkt ihr einen Blumenstrauß. Für die Kinder hat er auch etwas. Er nimmt ein Fünf-Mark-Stück aus seiner Tasche und gibt es ihnen. Das macht sie sehr glücklich. „Wo ist denn euer Baby?“ sagt Burkhard. Frau Müller zeigt ihm ihr Kind, und Burkhard sagt: „Es ist aber hübsch und auch dick wie ich.“

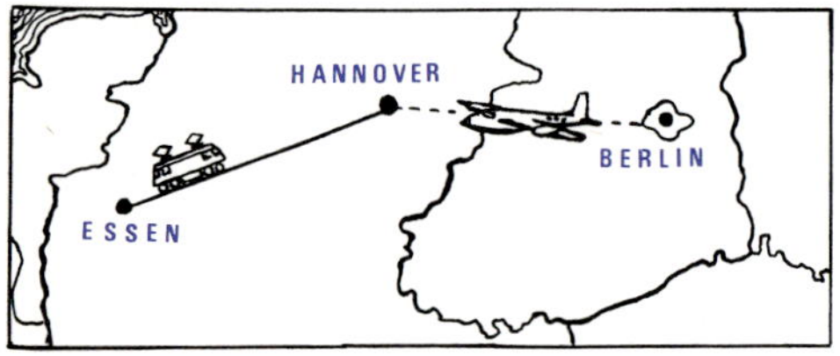


„Onkel Burkhard,“ fragt Peter, „wie lange bist du unterwegs zu uns von Berlin, und wie fährst du?“ „Er fährt durch die DDR.“ sagt Helga. „Nein!“ sagt Burkhard, „Ich fliege immer von Berlin nach Hannover, und dann fahre ich von dem Bahnhof in Hannover mit dem Zug zu euch nach Essen. Die Reise dauert sechs Stunden.“

Später nimmt Onkel Burkhard seinen Koffer in sein Schlafzimmer und steckt die Sachen in seinen Schrank. Dann ruft er: „Ach, ich habe keinen Schlafanzug bei mir.“ „Was machen wir denn?“ fragt der Vater, „Mein Schlafanzug ist dir zu klein.“ „Es macht nichts,“ sagt seine Frau, „Wir fragen Bertold Gruber. Er ist auch dick und wohnt gegenüber von uns.“

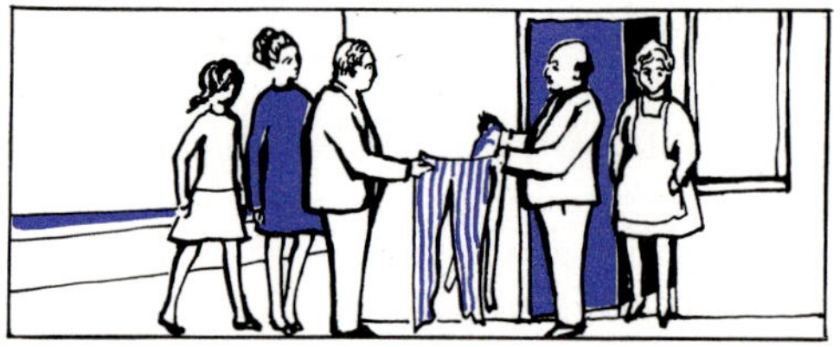

Sie gehen alle zu Bertold Gruber. „Haben Sie einen Schlafanzug für unseren Onkel Burkhard, Herr Gruber?“ fragen die Kinder. „Ja, gerne,“ antwortet Herr Gruber und lacht. Er bringt einen Schlafanzug, gibt ihn ihm und sagt: „Schlafen Sie wohl!“ „Vielen Dank!“ sagt Onkel Burkhard, „das ist sehr nett von Ihnen!“

---

| | | | | | | |
|---|---|---|---|---|---|---|
| der Bahnhof | die DDR | dauern | aufgeregt | denn | aus | mir |
| der Blumenstrauß | die Reise | fliegen | nett | lange | bei | dir |
| der Koffer | die Sache | rufen | | unterwegs | nach | ihm |
| der Schlafanzug | | stehen | | wo | seit | ihnen |
| der Zug | | wohnen | | wohl | von | |
| | | | | | gegenüber | |

**Er geht AUS DEM Laden**
**Sie wohnt BEI EINER Familie**
**Die Kinder spielen MIT EINEM Freund**
**NACH DER Reise ist er müde**
**Ich wohne SEIT EINEM Jahr in Berlin**
**Wir bekommen Besuch VON EINEM Onkel**
**Helga geht ZU EINEM Schrank**
**Er wohnt GEGENÜBER DER Schule**

**Ich habe ein Buch. Es ist ein Buch von MIR.**
**Du bist mein Freund. Ich spiele mit DIR.**
**Er ist mein Vater. Ich arbeite mit IHM.**
**Sie ist Peters Freundin. Er gibt IHR ein Geschenk.**
**Es ist das Kind. Wir schenken IHM einen Löffel.**
**Wir haben einen Onkel. Er wohnt bei UNS.**
**Ihr seid sehr müde. Ich zeige EUCH euer Zimmer.**
**Sie sind sehr nett. Es ist sehr nett von IHNEN.**
**Sie sind die Kinder. Der Onkel zeigt IHNEN seine Sachen.**

**Er gibt mir die Hefte. Er gibt SIE MIR.**
**Ich schenke dir einen Blumenstrauß. Ich schenke IHN DIR.**
**Der Opa gibt ihm das Geld. Der Opa gibt ES IHM.**
**Die Oma gibt ihr das Fahrrad. Die Oma gibt ES IHR.**
**Frau Müller gibt ihm die Milch. Frau Müller gibt SIE IHM.**
**Der Lehrer zeigt uns Apfelsinen. Der Lehrer zeigt SIE UNS.**
**Kinder, der Onkel gibt euch ein Geschenk. Kinder, der Onkel gibt ES EUCH.**
**Die Lehrerin zeigt Ihnen die Aufgabe. Die Lehrerin zeigt SIE IHNEN.**
**Der Mann schenkt ihnen den Wagen. Der Mann schenkt IHN IHNEN.**

(a) *Ergänze:*

(1) Der Junge nimmt eine Birne – – Tasche.

(2) Inge geht – – Freundin.

(3) Der Onkel wohnt – – Familie.

(4) Der Vater fährt – – Bahnhof nach Hause.

(5) Ich wohne – – Jahr in Hannover.

(6) Er geht – Hause.

(7) Herr Gruber wohnt – – Schule.

(8) Herr Müller holt die Kinder – – Schule.

(9) Der Lehrer arbeitet – – Mittagessen.

(10) Peter spielt – – Baby.

(b) *Beispiel:* Wir geben dem Kind eine Birne. Wir geben sie ihm.

(1) Wir schenken dem Lehrer ein Buch.
(2) Er zeigt seinem Vater die Aufgabe.
(3) Der Onkel gibt Helga und Peter das Geld.
(4) Sie zeigen der Oma ihren Tisch.
(5) Der Herr gibt euch ein Fahrrad.
(6) Die Mutter zeigt uns die Schallplatte.
(7) Ich gebe dir einen Kugelschreiber.
(8) Er zeigt mir sein Pult.
(9) Herr Lehrer, ich gebe Ihnen die Kreide.
(10) Die Kinder schenken Frau Müller einen Blumenstrauß.

# XI WIEDERHOLUNG I

Wir kennen jetzt unsere Familie Müller ganz gut. Herr Müller, der Vater, arbeitet schwer und kommt immer müde von der Arbeit nach Hause. Seine Frau arbeitet fleißig zu Hause und hat nicht viel Zeit für die Kinder. Peter, der Sohn, ist sehr faul in Schulstunden, aber ganz nett zu Hause. Helga, die Tochter, hat Apfelsinen sehr gern und ist immer glücklich. Heidi macht gar nichts und weint nur. Was noch? Ach ja, wir kennen auch die Freunde: es gibt nicht nur Wolfgang, Peters Freund, und Inge, Helgas Freundin; dann gibt es auch den Lehrer und die Lehrerin. Herr Wagner fragt: „Wer fehlt heute?" oder „Was zeichnest du da?" Frau Schmidt ist jung und klein und hübsch und nicht zornig wie Herr Wagner. Herrn Lehmann kennen wir auch; er sagt: „Haben Sie noch einen Wunsch bitte?" und „Danke schön, Frau Müller, ich stecke alles in Ihre Tasche."

Bei dem Geburtstag gibt es Kuchen, und Onkel Hans und die Oma kommen zu Besuch: der Onkel schenkt seinem Neffen zwei Bücher und seiner Nichte einen Ring; sie bekommen beide Geld von der Oma—sie ist großzügig und sehr alt. Später bringen die Freunde aus der Schule auch Geschenke—eine Schallplatte für den Jungen und eine Handtasche für das Mädchen (Nein! für das Fräulein!) Um den Eßtisch sind die Stühle für das Mittagessen; die Müllers sitzen bequem und lachen. Die Lampen sind schön, und der Lärm ist sehr laut—er geht durch die Wände in alle Zimmer. Die Mutter holt das Baby aus dem Schlafzimmer, nimmt ein Stück Zucker und steckt es ihm in den Mund und gibt ihm etwas Milch. Heidi ist schon so dick, sie braucht wirklich nichts zu trinken, und der Opa ruft: „Ihr macht sie doch krank!" „Sie geht also sofort wieder in das Kinderbett," antwortet Frau Müller, „aber das dauert nicht lange!" Sie bringt das Kind durch den Flur in das Bett, und bald hört man einen Lärm; Mutti kommt durch die Tür: „Eure Schwester weint!" sagt sie. „Ach, keine Ruhe für uns!" ruft Peter, „Warum schläft sie nicht?" „Keine Feier ohne Lärm!" sagt Vati. „Wir wünschen dir viel Glück zu deinem Geburtstag, Peter, und hier ist mein Geschenk für dich!" Er bringt ein Fahrrad, neu und blau, aus der Küche, zeigt es seinem Sohn und stellt es gegen einen Sessel.

Von Zeit zu Zeit haben die Müllers zwei Tage frei. Sie fahren mit dem Zug nach Hannover und fliegen von Hannover nach Berlin. Dort wohnt seit einem Jahr Onkel Burkhard, Frau Müllers Bruder. Er ist blond und groß und spielt gern mit Heidi: „Gibst du mir einen Kuß, Heidi? Jawohl, du bist klug, ich gebe dir eine Kirsche!" „Und wie geht's bei euch in Essen?" sagt er, „Schwarz und schmutzig? Hier ist alles weiß." „Berlin ist aber zu teuer für mich!" sagt Herr Müller. „Du schreibst mir, du brauchst vierhundertfünfzig Mark für deine Wohnung—das ist nicht preiswert." „Wo bekommt man denn mehr für das Geld?" fragt Burkhard aufgeregt; „Wohl nicht in Essen; die Wohnung ist nicht schlecht, mit Badezimmer, Schiebetüren—ich versage mir nichts—und gegenüber unserem Fenster ist der Laden—du kennst ihn. Meine Frau ist bald mit der Arbeit fertig und bäckt viele Kuchen; die Kinder kommen von der Schule nach Hause und gehen unterwegs in den Laden, und Herr Schneider gibt ihnen die Sachen für Mutti, wie Butter und Obst—alles fällt uns in die Hände! Ich fahre immer ungern in deine Stadt."

(a) *Beispiel:* ein Bahnhof: zwei Bahnhöfe
  (1) eine Frau: neun –
  (2) ein Mädchen: sechs –
  (3) ein Zug: zwei –
  (4) ein Stück Kuchen: vier – Kuchen
  (5) ein Tag: acht –
  (6) eine Hand: zwei –
  (7) eine Reise: zwei –
  (8) ein Koffer: vier –
  (9) ein Abend: fünf –
  (10) eine Mark das Kilo: drei – das Kilo.

(b) *Beispiel:* Wir kennen *jetzt* die Familie Müller.
Jetzt kennen wir die Familie Müller.
  (1) Es gibt Kuchen *bei der Geburtstagsfeier.*
  (2) Die Stühle für das Mittagessen sind *um den Eßtisch.*
  (3) Meine Frau ist *bald* mit der Arbeit fertig.
  (4) Herr Wagner fragt: „*Wer fehlt heute?*"
  (5) Mit dem Zug fahren *sie* nach Hannover.

(c) *Ergänze:*

| | |
|---|---|
| (1) Vati und Mutti, – ihr den Wagen? | (nehmen) |
| (2) Onkel Burkhard – durch die DDR. | (fahren) |
| (3) Die Schüler – den Tag frei. | (haben) |
| (4) Wir – sehr lange. | (schlafen) |
| (5) Der Herr – dem Mädchen einen Kuß. | (geben) |
| (6) Kinder, ihr – sehr faul. | (sein) |
| (7) Mutti, – du ein Becken? | (haben) |
| (8) Herr Wagner, Sie – uns viel Arbeit. | (geben) |
| (9) „Ich – sehr fleißig" sagt Helga. | (sein) |
| (10) Wolfgang und Inge, – ihr noch? | (schlafen) |
| (11) Frau Müller – einen Kuchen. | (backen) |
| (12) Der Stuhl – zu Boden. | (fallen) |



(d) *Beispiel:* Ich gebe meinem Kind ein Geschenk.
Ich gebe es meinem Kind.
  (1) Sie zeigt ihrer Mutter den Ring.
  (2) Inge gibt ihrer Freundin eine Tasche.
  (3) Der Onkel schenkt seinem Neffen zwei Bücher.
  (4) Der Lehrer gibt dem Schüler ein Heft.
  (5) Er zeigt seinem Vater die Geschenke.

(e) *Beantworte:*
  (1) Wer sind Herr und Frau Müller?
  (2) Wer sind Helga und Peter?
  (3) Wer ist Herr Wagner?
  (4) Ist Wolfgang Helgas Freundin?
  (5) Hat Peter einen Tisch?
  (6) Hat ein Klassenzimmer ein Bett?
  (7) Warum fehlt eine Schülerin?
  (8) Was macht die Klasse?
  (9) Was hat die Wohnung?
  (10) Was macht Frau Müller?
  (11) Was bringt Inge für Helga?
  (12) Kennt Herr Müller Wolfgang?
  (13) Was braucht Frau Müller für ihre Familie?
  (14) Was macht Herr Lehmann mit den Sachen?
  (15) Warum hat Herr Müller keine Ruhe?
  (16) Was holen Frau Müller und die Kinder für Herrn Müller?
  (17) Was bringen Oma und Opa für Helga und Peter?
  (18) Wie alt sind Helga und Peter?
  (19) Was für ein Mann ist Onkel Burkhard?
  (20) Wie lange dauert seine Reise?

(f) *Ergänze:*
(i) *mit der, die, das, den, dem*
  (1) Hier ist – Familie Müller, – Vater und – Mutter.
  (2) Hier sind – Sohn, – Tochter und – Kind.
  (3) Wir sehen – Tisch, – Decke und – Pult.
  (4) Wir sehen – Bad, – Wagen und – Lampe.

(5) Der Onkel gibt – Jungen, – Schülerin und – Baby Geschenke.
(6) Er wünscht – Bruder, – Schwester und – Fräulein Guten Morgen.

(ii) *mit ein, eine, einer, einem; mein, meine, meiner, meinem; dein, deine u.s.w.*

(7) Das ist – Wohnung, – Bad und – Garten.
(8) Hier ist – Treppe, – Flur und – Auto.
(9) Der Schüler hat – Bleistift, – Mappe und – Heft.
(10) Die Schülerin hat – Kugelschreiber, – Buch und – Tasche.
(11) Er geht mit – Freundin, – Kind und – Neffen in die Stadt.
(12) Er wohnt – Schule, – Laden und – Tante gegenüber.

(g) *Ergänze:*

(1) Der Mann zeigt – Schüler sei– Mappe.
(2) Ich nehme – Löffel aus – Schrank.
(3) Ich spiele – Schallplatten für mei– Freundin.
(4) Er geht mit sei– Koffer in – Schulzimmer.
(5) Nach – Reise fährt Peter mit – Auto von – Bahnhof durch – Stadt.
(6) Die Schülerin schreibt ih– Schulaufgabe mit – Füllhalter, aber sie zeichnet ei– Blumenstrauß mit ih– Bleistift oder mit ei– Kugelschreiber.
(7) Er steckt sei– Heft in – Kleiderschrank zu sei– Schlafanzug und nicht in sei– Pult zu – Zeitung.
(8) Ich gehe ohne mei– Ringbuch mit mei– Freund in – Klasse.
(9) Um – Schreibtisch gibt es vier Sessel und gegen – Wand ei– Stehlampe.
(10) Karl geht in – Wohnzimmer und trinkt ei– Liter Milch.

(h) *Beispiel:* das Bett + die Decke = die Bettdecke

(1) die Blumen + der Strauß =
(2) der Schall + die Platte =
(3) der Mittag + das Essen =
(4) die Kleider + der Schrank =
(5) der Schlaf + das Zimmer =

(i) *Ergänze:*

(1) Der Vater kennt – Freund. Ja, er kennt – sehr gut.
(2) Peter nimmt – Heft und stellt – gegen – Stuhl.
(3) Wolfgang fragt: „Ist das Buch für –?“ Peter antwortet: „Ja, – ist für –.“
(4) Helga und Peter sagen: „Wir haben die Platte. – ist für –.“
(5) Frau Müller fährt durch – Stadt ohne – Baby.
(6) Um – Schreibtisch sitzen die Schüler.
(7) „Herr Lehrer, hier ist die Kreide für –.“
(8) Frau Müller nimmt – Löffel und steckt – in – Becken.
(9) Hier ist Peter; Inge hat – sehr gern. Hier ist Helga; Wolfgang hat – sehr gern.
(10) Der Junge fragt: „Zeichnest du –?“ Sein Freund antwortet: „Ja, ich zeichne –.“

(j) *Beantworte:*

(1) Wie alt bist du?
(2) Was bekommst du zum Geburtstag?
(3) Wo wohnst du?
(4) Ist deine Stadt groß oder klein?
(5) Wo ist deine Schule?
(6) Hast du einen Bruder?
(7) Hat dein Vater ein Auto?
(8) Gibt dein Lehrer deiner Klasse viel Arbeit?
(9) Was braucht man für die Schule?
(10) Machst du viel Lärm zu Hause?

(k) *Beispiel:* Ich habe – Freund sehr gern.
Ich habe meinen Freund sehr gern.

(1) Die Mutter bäckt – Kuchen.
(2) Peter schreibt – Aufgabe.
(3) Ihr habt einen Lehrer. Er ist – Lehrer.
(4) Wir fahren – Wagen.
(5) „Herr Wagner, arbeiten Sie für – Klasse?“
(6) Peter und Helga sitzen um – Tisch.
(7) Ihr kennt die Freundin. Sie ist – Freundin.
(8) Du brauchst – Heft.
(9) Ihr habt ein Kind. Es ist – Kind.

# XII DIE STRAẞE

Die Familie Müller wohnt in Essen. Essen ist in Westdeutschland. Zwei Vororte von Essen sind Essen-Werden und Essen-Heidhausen, und die Familie Müller wohnt in Essen-Heidhausen. Ihr Haus ist groß, und darin sind sechs Wohnungen, und von dort aus sieht man ganz Essen und die Gebäude der Stadt. Ihre Adresse ist Brosweg 21. Der Brosweg ist nicht sehr breit und hat nur zwei Spuren, aber nicht weit davon ist die Heidhauser Straße. Sie ist die Autostraße von Wuppertal nach Essen. Natürlich ist die Heidhauser Straße sehr breit. Sie hat vier Spuren, und hier gibt es viel Verkehr. In Deutschland fährt man immer rechts, nicht links wie bei uns in England. Helga und Peter besuchen eine Schule in Essen-Werden, und sie fahren immer mit dem Bus in die Schule. Frau Müller fährt auch oft mit dem Bus in die Stadt, aber Herr Müller fährt nicht damit nach Essen; er fährt immer mit seinem Wagen zur Arbeit. Heute fahren wir mit Helga und Peter, und dabei sehen wir viele Läden und Gebäude. Es dauert nicht lange, und die Kinder sind nur zehn Minuten unterwegs. Die Straße seht ihr gegenüber. Helga und Peter nehmen den Bus gegenüber ihrer Wohnung, und sie fahren bis zur Kirche in Essen-Werden. Die Straße hat eine Kurve, und sie ist sehr gefährlich. Der Bus fährt langsam. Rechts steht das Postamt und links ist ein Wirtshaus. Die Männer von Essen-Werden gehen oft in das Wirtshaus, aber Herr Müller ist nicht oft darin, denn er trinkt nicht viel. Bald sehen wir die Abtei-Kirche. Sie ist sehr alt und ganz schön. Gegenüber der Kirche steht die Schule. Die Kinder aus Essen und den Vororten besuchen die Schule. Die Türen sind offen, und Helga und Peter gehen dadurch.

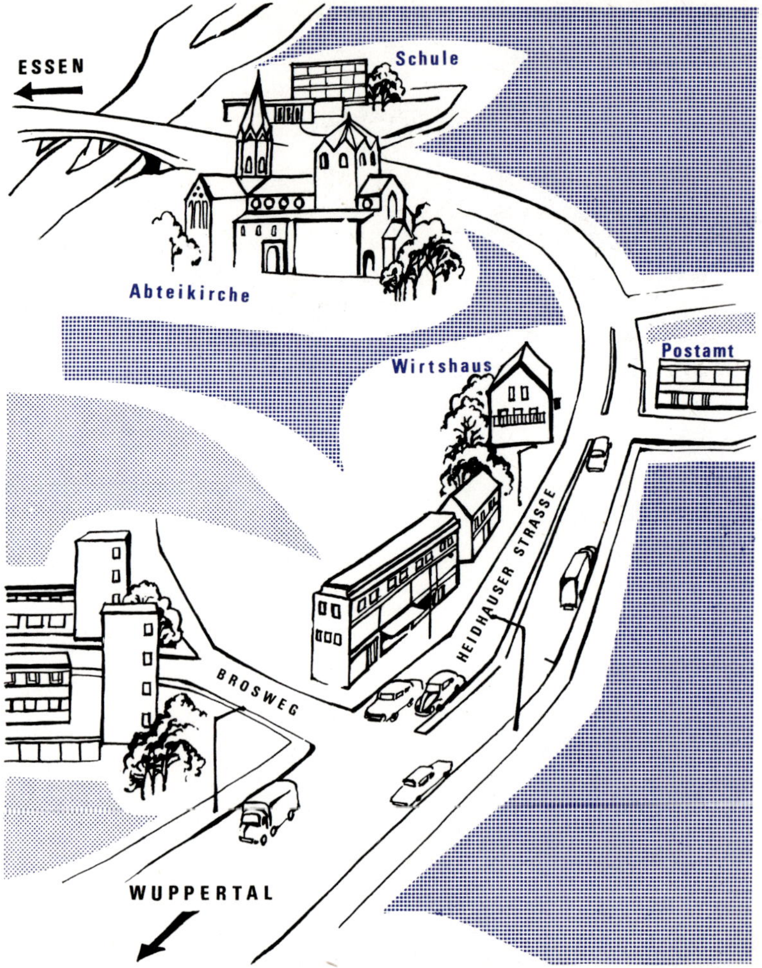


---

| | | | | | | |
|---|---|---|---|---|---|---|
| der Bus | die Adresse | das Gebäude | besuchen | breit | bis | dabei |
| der Verkehr | die Kirche | das Haus | sehen | gefährlich | links | dadurch |
| der Vorort | die Kurve | das Postamt | | langsam | natürlich | damit |
| | die Minute | das Wirtshaus | | offen | rechts | daraus |
| | die Spur | | | | weit | darin |
| | die Straße | | | | | davon |

| | 1 | 2 | 3 |
|---|---|---|---|
| | **WANN?** | **WIE?** | **WO?** |
| **Der Mann steht** | ***jetzt*** | ***bei seinem Koffer*** | ***dort*** |
| **Die Frau sitzt** | ***immer*** | ***bequem*** | ***zu Hause*** |

**zur**
**Herr Müller fährt ~~zu der~~ Arbeit**

**der Boden — die Böden**
**der Laden — die Läden**
**der Vater — die Väter**
**die Mutter — die Mütter**
**die Tochter — die Töchter**

**Der Junge nimmt den Bleistift aus der Tasche; er nimmt ihn daraus.**
**Herr Müller fährt mit dem Wagen; er fährt damit.**
**Nicht weit von der Schule ist der Bahnhof; nicht weit davon ist der Bahnhof.**
**Es gibt viel Verkehr in der Stadt; es gibt viel Verkehr darin.**
**Für den Verkehr sind vier Spuren; dafür sind vier Spuren.**
**Peter geht durch die Türen; er geht dadurch.**
**Gegen das Bett steht eine Schallplatte; dagegen steht eine Schallplatte.**

**Herr Müller fährt mit seiner Frau; er fährt mit ihr.**
**Onkel Burkhard wohnt bei seinem Bruder; er wohnt bei ihm.**
**Helga bekommt ein Geschenk von Wolfgang und Inge; sie bekommt es von ihnen.**
**Die Klasse ist für Schüler; sie ist für sie.**

**SEHEN**
**ich sehe die Kirche**
**du siehst das Haus**
**er sieht die Straße**
**wir sehen das Gebäude**
**ihr seht den Bus**
**Sie sehen das Wirtshaus**
**sie sehen das Postamt**

***Mit Sachen braucht man ‚dafür', ‚damit' usw.; mit Personen braucht man ‚für ihn', ‚mit ihr' usw.***

(a) *Beispiel:* Ich gehe *mit meinem Vater* in die Stadt.
Ich gehe mit ihm in die Stadt.

(1) Peter fährt *mit seiner Schwester* nach Berlin.
(2) Onkel Burkhard kommt *mit seinem Koffer.*
(3) Der Lehrer geht *durch die Klasse.*
(4) *Aus dem Fenster* sieht man Essen.
(5) Frau Müller spielt *mit Heidi und Peter.*
(6) Nicht weit *von der Kirche* ist das Haus.
(7) Ich wohne *bei meiner Oma.*
(8) Sie steckt den Kuchen *in die Tasche.*
(9) Ich habe die Adresse *von meinem Bruder.*
(10) Hier ist ein Geschenk *für den Jungen.*
(11) Die Straßen sind *für die Autos.*
(12) Die Lampe fällt *gegen die Wand.*
(13) Er wohnt *in dem Haus.*
(14) Die Kinder spielen *gegen die Freunde.*
(15) Herr Neumann arbeitet *mit seinem Sohn.*

(b) *Bilde Sätze:*

| | | | |
|---|---|---|---|
| in die Stadt | immer | mit dem Bus | der Herr geht |
| nach Essen | oft | mit dem Zug | die Frau fährt |
| in die Schule | jetzt | mit dem Auto | der Bus fährt |
| zur Arbeit | heute | mit dem Fahrrad | die Kinder gehen |
| in das Wirtshaus | dann | langsam | die Familie fährt |

(c)

(1) Wer fährt den Wagen?
(2) Wo wohnt er?
(3) Wo arbeitet er?
(4) Wie lange ist er unterwegs?
(5) Was für eine Straße ist die Heidhauser Straße?
(6) Hat sie zwei oder vier Spuren?
(7) Wie fährt Herr Müller?
(8) Wie oft fährt er?
(9) Was für einen Wagen fährt er?
(10) Wie fährt man in Deutschland, links oder rechts?

## XIII DIE STADTMITTE

Essen ist sehr groß und hat ungefähr 700 000 Einwohner. Nur vier Städte Westdeutschlands haben mehr Einwohner als Essen; es sind Berlin, Hamburg, München und Köln. Essen ist eine Industriestadt und liegt nördlich der Ruhr. Die Ruhr ist ein Fluß—ein Nebenfluß des Rheins. Essen ist ein Teil des Ruhrgebiets. Natürlich hat eine Industriestadt Fabriken, und der Rauch macht die Vororte nördlich der Stadt sehr schmutzig und macht auch die Häuser alle schwarz. Die Stadtmitte aber ist sehr sauber und modern. Eines Tages fährt Frau Müller mit dem Wagen ihres Mannes in die Stadt. Herr Müller fährt mit dem Wagen seines Freundes in sein Büro. Oft hat Frau Müller Glück, und sie findet heute die Parkplätze des Bahnhofs ganz leer. Vom Bahnhof geht sie gleich in die Mitte der Stadt und dann zum Theater. Die Hauptstraße von Essen heißt die Kettwiger Straße. Sie ist nur für Fußgänger, und es gibt keinen Verkehr. Die Ruhe der Straße ohne Verkehr ist sehr schön. Hier sieht man die Fabriken gar nicht, und die Läden sind hübsch: die Sachen darin sind nicht sehr teuer. Rechts der Kettwiger Straße liegt eine Schule. Das ist nicht die Schule unseres Freundes Peter und seiner Schwester Helga. Sie besuchen eine Schule südlich des Flusses. Die Schule ist für die Schüler und die Schülerinnen der Stadmitte Essens. Gegenüber der Schule steht das Büro ihres Vaters. Von der Kettwiger Straße sieht man das Münster zu Essen. Es ist mehr als elfhundert Jahre alt, und es ist ganz berühmt. Die Geschichte des Münsters ist sehr interessant, und es ist jetzt die Kirche des Bischofs von Essen. Frau Müller geht durch die Kettwiger Straße, und dann geht sie links bis zum Kennedyplatz. Hier steht das Theater, nicht weit von der Kettwiger Straße. In Deutschland haben alle Städte ein Theater; in England dagegen haben wir nicht so viele Theater. Herr und Frau Müller besuchen sehr oft das Theater.

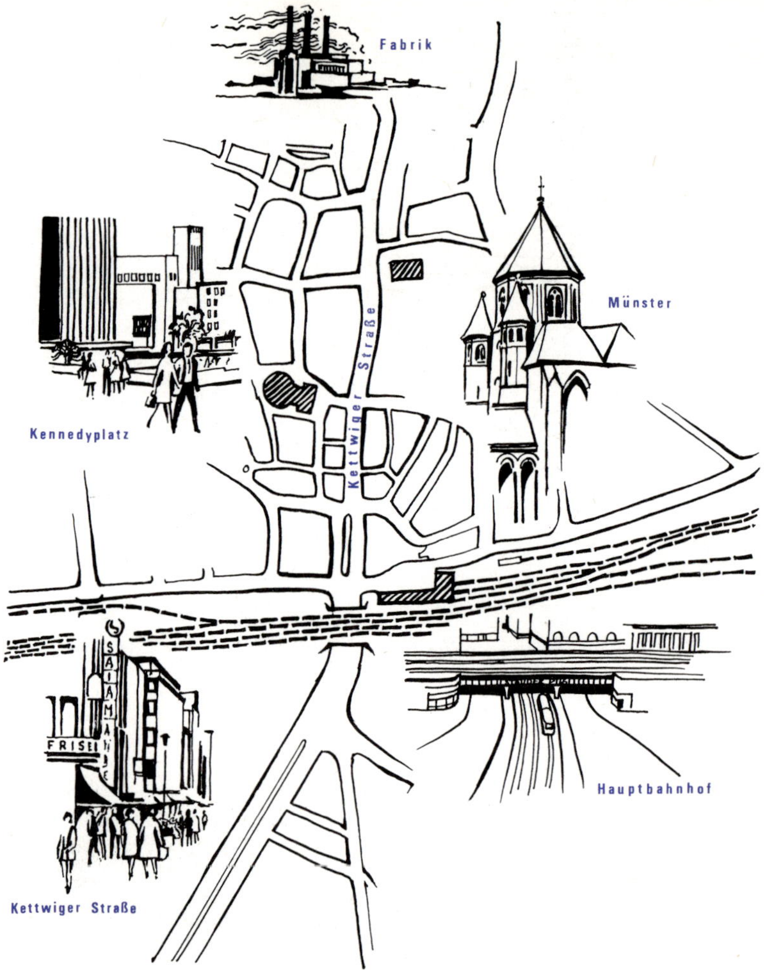


---

der Bischof
der Einwohner
der Fluß
der Fußgänger
der Nebenfluß
der Parkplatz
der Teil

die Fabrik
die Geschichte
die Hauptstraße
die Industriestadt
die Mitte

das Büro
das Gebiet
das Münster
das Theater

finden
heißen
liegen

berühmt
gleich
interessant
leer
modern
nördlich
sauber
südlich

als
oft
ungefähr

**Die Kirche EINES BischofS ist oft sehr alt.**
**Die Mitte EINER Stadt hat viel Verkehr.**
**Die Geschichte EINES GebietS ist sehr interessant.**
**Der Bruder MEINES FreundES heißt Karl.**
**Die Schwester MEINER Freundin arbeitet fleißig.**
**Das Zimmer SEINES KindES hat vier Stühle.**
**Der Freund SEINER Schwester geht in die Stadt.**
**Der Besuch UNSERES OnkelS dauert zwei Tage.**
**Die Straßen UNSERER Stadt sind sehr breit.**
**Die Treppe IHRES HausES ist schön.**
**Die Lampen IHRER Wohnung brennen noch.**

**eine Freundin — drei Freundinnen**
**eine Lehrerin — zwei Lehrerinnen**
**eine Schülerin — sechs Schülerinnen**
**ein Haus — fünf Häuser**
**ein Bad — zwei Bäder**
**ein Fahrrad — acht Fahrräder**

**Frau Müller geht ~~zu dem~~ zum Theater.**
**~~Von dem~~ Vom Bahnhof geht sie in die Stadtmitte.**

**Die Parkplätze DES BahnhofS sind leer.**
**Das Gebäude DER Schule ist neu.**
**Die Fenster DES PostamtS sind schmutzig.**
**Der Wagen DEINES VaterS fährt langsam.**
**Die Küche DEINER Mutter ist immer sauber.**
**Der Lärm IHRES AutoS ist laut.**
**Der Lehrer IHRER Klasse gibt ihr viel Arbeit.**
**Die Tür EURES BüroS ist offen.**
**Die Geschenke EURER Nichte sind hübsch.**
**Das ist die Mappe IHRES LehrerS.**
**Ein Teil IHRER Straße liegt in Essen-Werden.**

(a) *Beispiel:*  ist klein.
Das Bett des Mädchens ist klein.

(1)  fährt ganz langsam.

(2) 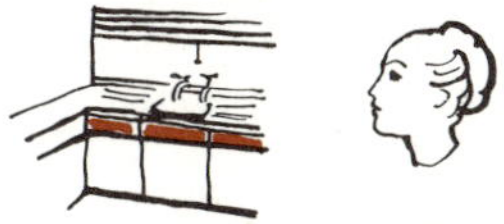 ist sehr sauber.

(3)  ist sehr neu.

(4) Wir gehen in 

(5) Hier sieht man nicht 

(6) 

liegt Essen-Werden.

(7) Das Haus steht 

(8) Die Fabriken stehen 

(9) Die Ruhr ist 

(10)  ist hübsch.

(b) *Beispiel:* Das Zimmer (mein Bruder) hat zwei Fenster.
Das Zimmer meines Bruders hat zwei Fenster.

(1) Die Wände (das Haus) sind nicht dick.
(2) Die Mitte (eine Stadt) heißt die Stadtmitte.
(3) Er hat den Bleistift (sein Freund).
(4) Die Schule (unsere Freundin) ist in Essen.
(5) Die Kinder (ihre Nichte) sind sehr jung.

(c) *Beantworte:*
(1) Wie groß ist Essen?
(2) Was für eine Stadt ist Essen?
(3) Hat Berlin mehr Einwohner als Essen?
(4) Was für ein Fluß ist die Ruhr?
(5) Was hat eine Industriestadt?
(6) Wo ist Essen?

AEG
KAFFEE HAG
BOSCH IM AUTO
BOSCH IM HAUSHALT
BOSCH IM BETRIEB
kubel
BOECKER

# XIV DER PARK

Essen ist nicht nur als eine Industriestadt und nicht nur für die Fabriken bekannt. Essen hat auch einen Park. Er liegt südlich der Stadtmitte und nördlich des Flusses, und er heißt der Grugapark. Der Park ist eigentlich sehr groß, und die Gebäude und die Gärten sind überall in Europa bekannt. Was für ein Park ist denn der Grugapark eigentlich? Was kann man dort machen? Er ist ganz anders als der Hyde Park bei uns in London zum Beispiel. Der Grugapark hat viele Hallen. Die Hallen sind für Ausstellungen, und viele Besucher kommen aus den elf Ländern Westdeutschlands zu den Ausstellungen. Sie kommen auch zu den Tagungen in Essen, denn die Grugahalle selbst ist sehr groß und hat 10 000 Plätze. Die Tagungen können also sehr groß sein. Die Architektur der Grugahalle ist sehr modern. Natürlich gibt es Parkplätze nicht weit von den Ausstellungshallen für die Autos der Besucher und auch für die Busse der Touristen. Man kann hier ganz einfach einen Parkplatz finden. Nicht weit von den Hallen liegen die Gärten. Die Gärten sind voll von Blumen und Pflanzen aus den fünf Erdteilen, und hier können die Besucher durch die Gärten gehen, und dann können sie auch hier in den Blumenhof gehen und tanzen. Durch die Mitte des Parks geht die Lührmannstraße. Gegenüber dem Grugapark selbst ist das Grugabad mit drei Bädern. Hier können die Touristen und die Besucher schwimmen oder baden. Vielleicht könnt ihr auch schwimmen. Von den Ausstellungshallen bis zu den Bädern ist es nicht sehr weit. Du kannst zu Fuß gehen, oder du kannst mit der Eisenbahn fahren. Natürlich ist die Eisenbahn sehr klein, aber sie fährt durch die Gärten des Parks. Um die Bäder ist viel Rasen, und hier kannst du ganz ruhig liegen oder mit Freunden spielen. Nach einem Besuch kannst du in das Grugarestaurant gehen und eine Tasse Kaffee trinken.

| | | | | | | | |
|---|---|---|---|---|---|---|---|
| der Besucher | der Tourist | die Architektur | die Tagung | das Land | baden | bekannt | anders |
| der Erdteil | | die Ausstellung | die Tasse | das Restaurant | können | einfach | eigentlich |
| der Garten | | die Blume | | | schwimmen | voll | selbst |
| der Kaffee | | die Eisenbahn | | | tanzen | | überall |
| der Park | | die Halle | | | | | vielleicht |
| der Rasen | | die Pflanze | | | | | zu Fuß |

| | |
|---|---|
| **DER Sohn wohnt in Essen** | **DIE Söhne wohnen in Essen** |
| **Ich besuche DEN Sohn** | **Ich besuche DIE Söhne** |
| **Der Lehrer DES SohnS heißt Herr Wagner** | **Der Lehrer DER Söhne heißt Herr Wagner** |
| **Der Vater gibt DEM Sohn viel Geld** | **Der Vater gibt DEN SöhneN viel Geld** |
| **DIE Familie heißt Müller** | **DIE Familien heißen Müller und Schmidt** |
| **Wir kennen DIE Familie** | **Wir kennen DIE Familien** |
| **Die Wohnung DER Familie ist klein** | **Die Wohnungen DER Familien sind klein** |
| **Der Onkel gibt DER Familie Geschenke** | **Der Onkel gibt DEN FamilieN Geschenke** |
| **DAS Kind ist zwei Jahre alt** | **DIE Kinder sind zwei Jahre alt** |
| **Wir küssen DAS Kind** | **Wir küssen DIE Kinder** |
| **Die Hände DES KindES sind schmutzig** | **Die Hände DER Kinder sind schmutzig** |
| **Das Mädchen schenkt DEM Kind eine Birne** | **Das Mädchen schenkt DEN KinderN eine Birne** |

**Peter sagt: „Ich kann die Aufgaben nicht schreiben."**
**Frau Müller sagt: „Ich nehme den Wagen. Du kannst mit dem Bus fahren."**
**In Essen kann man einen Parkplatz einfach finden.**
**Helga und Peter sagen: „Heute können wir zu Hause bleiben."**
**Der Lehrer fragt: „Kinder, könnt ihr alle gut schwimmen?"**
**Onkel Burkhard fragt Herrn Gruber: „Können Sie mir einen Schlafanzug geben?"**
**Touristen und Besucher können durch den Park mit der Eisenbahn fahren.**

**ein Opa — zwei Opas**
**ein Auto — neun Autos**
**ein Baby — drei Babys**
**ein Büro — zwei Büros**
**ein Restaurant — fünf Restaurants**

(a) *Beispiel:* Peter schwimmt gut.
Peter kann gut schwimmen.

(1) Helga und Peter gehen in die Stadt.
(2) Wir fahren immer mit dem Bus in die Schule.
(3) „Helga und Peter, schwimmt ihr sehr gut?"
(4) Die Besucher finden einen Parkplatz.
(5) Die Kinder holen den Onkel vom Bahnhof.
(6) „Inge, spielst du mit Heidi?"
(7) Der Bus fährt oft sehr langsam.
(8) Heute arbeitet Peter fleißig.
(9) Der Lehrer sagt: „Ich gebe euch mehr Arbeit."
(10) Peter fragt: „Fliegt man von Hannover nach Berlin?"

(b) *Beantworte:*

(1) Was hat Essen?
(2) Wo liegt der Grugapark?
(3) Warum kommen viele Besucher zum Grugapark?
(4) Wie ist die Architektur der Grugahalle?
(5) Wo sind die Parkplätze?
(6) Warum braucht man so viele Parkplätze?

(c) *Ergänze:*

(1) – Münster steht nicht weit von – Stadtmitte.
(2) Man kann – Rauch – Fabriken nicht sehen.
(3) – Mann und – Frau gehen mit – Kind in – Schule.
(4) Links – Straße stehen – Kirche und – Wirtshaus.
(5) – Besucher kommen oft zu – Tagungen nach Essen.
(6) – Architektur – Gebäude– ist modern.
(7) Nicht weit von – Hauptstraße ist – Fluß.
(8) – Gärten – Ausstellungshallen sind schön.
(9) Um – Bäder – Parks liegen – Touristen.
(10) Sie können mit – Eisenbahn durch – Park fahren.
(11) – Ausstellungshallen sind voll von – Besucher– aus – elf Länder–.
(12) – Einwohner – Vororte arbeiten in Essen.

# XV IM KAUFHAUS

Frau Müller hat heute Besuch von ihrer Nichte Ilse; Ilse wohnt in Hannover und ist heute zum ersten Mal in Essen, und sie fragt ihre Tante: „Können wir einen Ausflug in die Stadt machen? Was gibt es denn zu sehen?“

Frau Müller antwortet: „Es gibt aber so viel in der Stadt, wir können nicht alles an einem Tag sehen. Was willst du denn eigentlich?“ „Ich will unbedingt die Kaufhäuser besuchen,“ sagt Ilse „Essen ist ja berühmt als Einkaufsstadt.“

„Können wir nicht unterwegs das Münster oder so was besuchen?“ „Das wohl,“ sagt ihre Tante, „Wir gehen also zu Wertheim, dort findet man alles, und um die Ecke steht das Münster. Ich will dir auch den Grugapark und den Baldeneysee zeigen.“

Auf dem Kennedyplatz steht das Kaufhaus Wertheim. Frau Müller findet gleich einen Parkplatz nicht weit davon; er ist zwischen der Marktkirche und einem Café, und sie kommen an den Eingang des Kaufhauses. Sie stellen den Kinderwagen neben den Eingang.

Hinter dem Ladentisch steht die Verkäuferin und sagt: „Bitte schön!“ „Tante Hanni,“ sagt Ilse „Ich brauche ein Ringbuch für die Schule. Ich will es hier als Andenken an Essen kaufen.“ „Dort unter dem Schild ‚Schreibwaren‘ finden Sie Ringbücher,“ sagt die Verkäuferin.

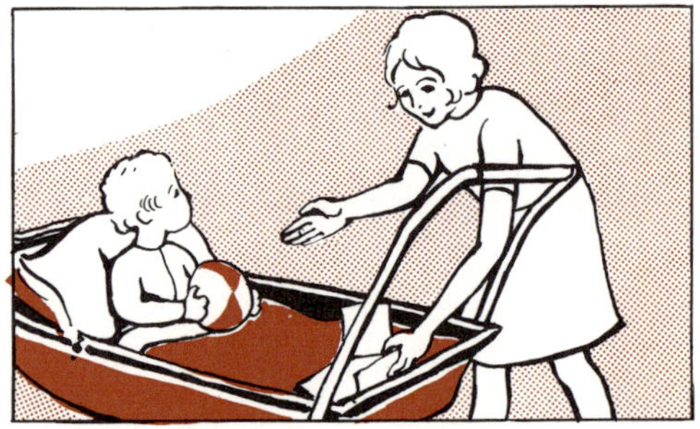

Ilse kauft nicht nur ein Ringbuch, sondern auch etwas Briefpapier und einige Ansichtskarten. Draußen vor dem Kaufhaus steckt Ilse die Pakete in den Kinderwagen und geht mit ihrer Tante über die Straße. „Gehen wir jetzt in das Münster?“ sagt sie.

---

| | | | | | |
|---|---|---|---|---|---|
| der Ausflug | die Ansichtskarte | das Andenken | kaufen | draußen | an |
| der Eingang | die Ecke | das Briefpapier | wollen | einige | auf |
| | die Einkaufsstadt | das Café | | sondern | hinter |
| | die Marktkirche | das Kaufhaus | | unbedingt | neben |
| | die Schreibwaren | das Paket | | zum ersten Mal | über |
| | die Tante | das Schild | | | unter |
| | die Verkäuferin | | | | vor |
| | | | | | zwischen |

**Wir kommen AN DEN Eingang; der Eingang ist AN DER Ecke.**

**Ich stelle das Buch AUF DEN Tisch; jetzt liegt es AUF DEM Tisch.**

**Die Verkäuferin steckt die Pakete HINTER DEN Tisch; sie steht HINTER DEM Tisch.**

**Ich gehe IN MEIN Haus; mein Bruder liegt IN MEINEM Bett!**

**Er stellt das Fahrrad NEBEN DIE Tür; jetzt steht es NEBEN DER Tür.**

**Sie gehen ÜBER DIE Straße; ihre Freunde wohnen ÜBER DEM Laden.**

**Das Buch fällt UNTER DEN Tisch; die Schreibwaren sind UNTER DEM Schild.**

**Ich stelle meinen Stuhl VOR DIE Tür; ich sitze VOR DER Tür.**

**Sie steckt das Andenken ZWISCHEN DIE Pakete; das Kind spielt ZWISCHEN DEN Stühlen.**

**WOLLEN**

| | |
|---|---|
| **ich** | **will** |
| **du** | **willst** |
| **er** | **will** |
| **wir** | **wollen** |
| **ihr** | **wollt** |
| **Sie** | **wollen** |
| **sie** | **wollen** |

(a) *Beispiel:* Das Kind geht nach Hause.
Das Kind will nach Hause gehen.

(1) Kauft ihr ein Geschenk?
(2) Sie gehen in die Kirche.
(3) Ich zeige dir den Baldeneysee.
(4) Wir finden einen Parkplatz.
(5) Was siehst du jetzt?

(b) *Bilde Sätze:*

| | | | | |
|---|---|---|---|---|
| Der Schüler | fährt | an | | Zimmer |
| Der Mann | wohnt | auf | | Wand |
| Das Buch | steht | hinter | den | Laden |
| Der Bischof | führt | in | das | Tisch |
| Die Lampe | geht | neben | dem | Kirche |
| Der Onkel | schreibt | über | die | Tür |
| Der Besucher | liegt | unter | der | Stadt |
| Die Straße | sitzt | vor | | DDR |
| Das Kind | fliegt | zwischen | | Fluß |

(c) *Beantworte:*

(1) Was gibt es in deiner Stadt zu sehen?
(2) Wie heißen die Kaufhäuser in deiner Stadt?
(3) Ist deine Stadt berühmt?
(4) Wer steht hinter dem Ladentisch in einem Kaufhaus?
(5) Gibt es ein Münster oder eine Kirche in deiner Stadt?

(d) *Ergänze:*

(1) Das Gebäude steht zwischen – Kaufhaus und – Fabrik.
(2) Er findet das Geld auf – Tisch und er steckt es in – Tasche.
(3) Wir stehen an – Ecke neben – Theater.
(4) Der Stein fällt auf – Boden und liegt unter – Bett.
(5) Das Mädchen sitzt vor – Fenster hinter – Tür.
(6) Der Bus fährt hinter – Bahnhof in – Stadt.
(7) Er steckt die Birne zwischen – Butter und – Obst.
(8) Das Mädchen fällt vor – Wagen.
(9) Sie wohnen in – DDR.
(10) Man geht unter – Straße und über – Park.
(11) Hinter – Häuse– liegen die Touristen auf – Rasen.
(12) Neben – Gärten vor – Hallen ist der Parkplatz.
(13) Er geht immer in – Theater der Stadt.
(14) Der Lehrer steht vor – Schüle– und schreibt an – Tafel.
(15) Die Bleistifte liegen unter – Stühl–.

# XVI DAS MÜNSTER

Frau Müller steht mit ihrer Nichte Ilse am Kennedyplatz. „Den Kennedyplatz finde ich wirklich schön mit seinen Wasserspielen, und seine Pflanzen und Blumen sind auch hübsch“ sagt Ilse. „Der Platz ist ganz neu“ antwortet ihre Tante. „Seit dem Kriege bauen wir hier in Essen viele Plätze und Gebäude. Sie machen die Stadt so angenehm. Wir gehen jetzt schnell weiter. Sonst siehst du unser Münster nicht.“ „Das muß ich unbedingt sehen,“ sagt Ilse aufgeregt. Das Münster steht in der Mitte der Stadt nicht weit von Wertheim, und in fünf Minuten sind Frau Müller und ihre Nichte da. Ilse steht vor der Kirche und sagt: „Die Kirche ist wunderschön mit den Blumen ringsumher, und ihre Dächer und Türme sind prächtig. Ist sie wirklich sehr berühmt?“ „Natürlich ist sie berühmt,“ sagt ihre Tante, „Das Münster ist aus dem Jahre 852, glaube ich, und es ist heute der Dom unseres Bischofs von Essen. Wir bringen unsere Besucher sehr oft zum Münster, und wir zeigen es immer unseren Touristen.“ „Können wir vielleicht eine Besichtigung machen?“ fragt das Mädchen. „Ich muß alles sehen. Dann kann ich das alles meinen Freundinnen in Hannover erzählen.“ „Man kann fast alle Tage Besichtigungen machen, und für eine Mark kann man auch den Münsterschatz sehen.“ „Was ist denn das, der Münsterschatz?“ fragt Ilse. „Gold und Silber und so was?“ „Ja, aber nicht gerade wie du glaubst. Der Schatz ist eine Sammlung von Sachen aus dem Mittelalter. Sie sind alle sehr prächtig und kostbar.“ Sie gehen ins Münster, und im Münster zeigt Frau Müller dem Mädchen die Architektur. Dann sehen sie den Münsterschatz—die Madonna aus Gold mit ihrer Krone, ein Schwert, auch aus Gold, und drei Kreuze aus der Zeit des Mittelalters. Nach der Besichtigung stehen sie beide wieder vor dem Münster. „Das mußt du den Eltern deiner Freundinnen erzählen!“ sagt Frau Müller, „Dann wollen sie auch nach Essen kommen und unser Münster besuchen. Jetzt aber müssen wir weiter. Wir haben noch viel zu machen.“

| | | | | | | |
|---|---|---|---|---|---|---|
| der Dom | die Besichtigung | das Dach | das Wasserspiel | bauen | angenehm | fast |
| der Krieg | die Eltern | das Gold | | erzählen | kostbar | gerade |
| der Münsterschatz | die Krone | das Kreuz | | glauben | prächtig | ringsumher |
| der Turm | die Madonna | das Mittelalter | | müssen | wunderschön | schnell |
| | die Sammlung | das Schwert | | | | sonst |
| | | das Silber | | | | weiter |

**MEINE Freunde kommen nach Essen.**
**SEINE Eltern sind sehr alt.**
**EURE Hände sind schmutzig.**

**Ich kenne DEINE Freunde.**
**Helga spielt IHRE Schallplatten.**
**Wir bringen UNSERE Besucher zum Münster.**

**Ich fahre mit dem Auto MEINER Eltern.**
**Das Kind spielt mit dem Freund SEINER Brüder.**
**Haben Sie die Adressen IHRER Lehrer?**

**Das kannst du DEINEN FreundeN erzählen.**
**Wir zeigen das Münster UNSEREN Touristen.**
**Kinder, ihr könnt mit EUREN FreundeN spielen.**
**Die Touristen kommen mit IHREN Autos.**

**Ilse sagt: „Ich muß nach Hause gehen."**
**Ihre Tante antwortet: „Das mußt du deinen Freundinnen erzählen."**
**In Essen muß man das Münster unbedingt sehen.**
**Wir müssen schnell weiter fahren.**
**Kinder, ihr müßt eure Aufgaben machen.**
**Herr Wagner, Sie müssen nicht so schwer arbeiten.**
**Die Besucher müssen einen Parkplatz finden.**

**Herr Müller fährt ZUR Arbeit**
**Frau Müller geht ZUM Theater**
**VOM Bahnhof geht sie in die Stadtmitte**
**Ilse steht AM Kennedyplatz**
**Sie stehen IM Münster**
**Sie gehen INS Münster**

(a) *Wiederhole mit den Verben ‚können', ‚wollen' und ‚müssen':*
(1) Herr Gruber, gehen Sie jetzt nach Hause?
(2) Ilse besucht das Münster in Essen.
(3) Der Vater sagt zornig: „Ich spiele nicht mit euch."
(4) Die Familie macht einen Ausflug.
(5) Kinder, geht ihr früh ins Bett?
(6) In Essen baut man viele Plätze und Gebäude.
(7) Oma, du fährst mit der Eisenbahn durch den Park.
(8) Das Mädchen kauft ein Buch als Andenken.
(9) Die Touristen gehen ins Restaurant und trinken eine Tasse Kaffee.
(10) Die Kinder machen ihre Aufgaben und spielen ihre Platten.

(b) *Beispiel:* Die Familie geht in das Theater.
Die Familie geht ins Theater.
(1) Der Bischof fährt zu der Kirche.
(2) Von dem Wirtshaus bis zu dem Postamt ist es nicht sehr weit.
(3) Der Tourist steht in dem Münster.
(4) Die Besucher sitzen an dem Eingang der Ausstellung.
(5) Er steckt seinen Schlafanzug in das Pult.
(6) Der Rauch kommt von dem Badezimmer.
(7) In dem Dom sehen wir die Madonna.
(8) Onkel Burkhard ist an dem Bahnhof.
(9) „Willst du in das Restaurant gehen?"
(10) Die Kinder schwimmen zu der Frau.

(c) Heute kommen – Besucher Kurt und Klara nach Essen. Sie wohnen drei Tage bei – Eltern. Sie spielen – Platten, sie finden – Hefte, aber leider können sie – Schulaufgaben nicht machen. Sie bringen – Schwestern Geschenke. Ich gehe mit – Besuchern in die Stadt, und wir besuchen die Wohnungen – Freunde. Ihre Eltern sind Freunde – Eltern, aber Kurt und Klara sind nicht – Freunde!
*Ergänze:* Heute kommen meine Besucher usw., Heute kommen deine Besucher usw., dann seine, ihre, unsere, eure, Ihre, ihre usw.

# XVII EIN AUSFLUG

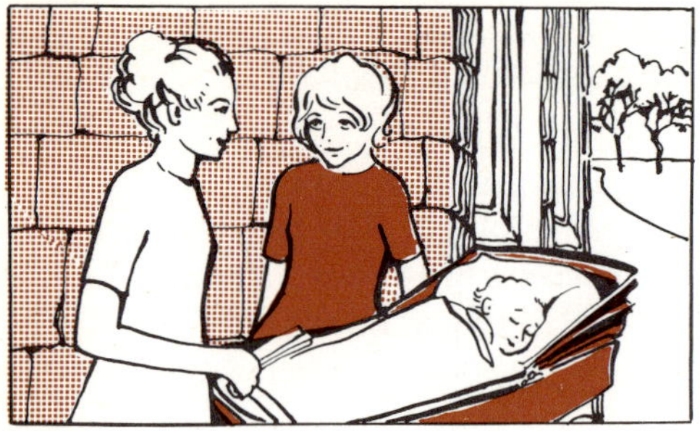

Ilse und ihre Tante kommen aus dem alten Münster und finden Heidi immer noch im Schlaf. „Braves Kind!“ sagt Frau Müller, „Wir gehen jetzt zum Wagen, denn bis zum Grugapark ist es ziemlich weit.“ „Wollen wir die schönen Seehunde sehen?“ fragt Ilse.

Sie lassen den blauen Wagen vor dem breiten Eingang des Parks und gehen an den Haupteingang. Dort bezahlen sie zwei Mark und bekommen zwei Eintrittskarten. „Gehen wir sofort zu den Seehunden“ sagt Ilse, „Mein Onkel erzählt mir viel davon.“

Die Seehunde schwimmen in einem Teich, und von Zeit zu Zeit kommen sie aus dem kühlen Wasser und liegen auf den warmen Steinen im Sonnenschein. Frau Müller und Ilse besichtigen auch die Blumenausstellung, und dann gehen sie zum Wagen.

Die kurze Fahrt vom Park bis zum berühmten Baldeneysee führt durch den Essener Wald. Der schöne Wald überrascht Ilse: „So was erwartet man in einer Industriestadt nicht!“ sagt sie, „und das blaue Wasser hinter den Bäumen ist wunderschön!“

Der Baldeneysee ist zehn Kilometer lang, und Ilse und ihre Tante bleiben eine Stunde im Wagen sitzen und blicken auf die schöne Landschaft. „Weißt du, man benutzt diesen See für internationale Kanuregatten,“ sagt Frau Müller.

„Ach, ist er so berühmt?“ sagt Ilse, „Meine Freunde in Hannover wissen nichts vom Baldeneysee—sie glauben alle, Essen muß ganz schmutzig sein.“ „Das weiß ich“ sagt Frau Müller: „Nur die Essener wissen, wie schön ihre Stadt ist.“

---

der Baumder Kilometer
der Schlaf
der Seehund
der Sonnenschein

der Stein
der Teich
der Wald

die Eintrittskarte
die Fahrt
die Kanuregatta
die Landschaft

das Wasser

benutzen
besichtigen
bezahlen
bleiben
blicken

erwarten
führen
lassen
überraschen
wissen

brav
international
kühl
kurz
tief

warm
ziemlich

| | | | | | |
|---|---|---|---|---|---|
| | **der kleinE** | **Wald** | | **die kurzE** | **Fahrt** |
| **für** | **den schwarzEN** | **Wagen** | **für** | **die großE** | **Stadt** |
| **trotz** | **des engEN** | **Ladens** | **trotz** | **der jungEN** | **Frau** |
| **mit** | **dem breitEN** | **Eingang** | **mit** | **der hübschEN** | **Freundin** |
| | **das blauE** | **Auto** | | **die schönEN** | **Seehunde** |
| **für** | **das weißE** | **Haus** | **für** | **die prächtigEN** | **Blumen** |
| **trotz** | **des kühlEN** | **Wassers** | **trotz** | **der neuEN** | **Häuser** |
| **mit** | **dem altEN** | **Münster** | **mit** | **den warmEN** | **Steinen** |

**WISSEN**

| | | |
|---|---|---|
| **ich** | **weiß** | **alles** |
| **du** | **weißt** | **etwas** |
| **er** | **weiß** | **nichts** |
| **wir** | **wissen** | **viel** |
| **ihr** | **wißt** | **genug** |
| **Sie** | **wissen** | **warum** |
| **sie** | **wissen** | **viel** |

**LASSEN**

| | | |
|---|---|---|
| **ich** | **lasse** | **den Wagen auf dem Parkplatz** |
| **du** | **läßt** | **deine Mappe im Pult** |
| **er** | **läßt** | **sein Geschenk im Schrank** |
| **wir** | **lassen** | **die Kinder bei euch** |
| **ihr** | **laßt** | **eure Freunde in der Schule** |
| **Sie** | **lassen** | **den Kinderwagen hier** |
| **sie** | **lassen** | **ihre Bücher zu Hause** |

(a) *Ergänze:*

(1) Die klein– Frau benutzt den neu– Wagen ihres jung– Bruders.

(2) Der blond– Mann geht mit seiner schön– Freundin in das alt– Münster.

(3) Die glücklich– Kinder lassen ihre müd– Eltern im groß– Park.

(4) Meine fleißig– Schwester braucht das blau– Ringbuch für ihre schwer– Arbeit.

(5) Das kühl– Wasser liegt in den tief– Teichen am Ende der lang– Eisenbahn.

(6) Der dick– Junge gibt seinen faul– Freunden seine schmutzig– Mappe.

(7) Die weiß– Gardinen der schön– Zimmer sind vor den weit– Fenstern.

(8) Die zornig– Lehrerin sagt der klug– Schülerin: „Deine schlecht– Aufgabe überrascht mich!"

(9) Das brav– Mädchen bleibt im leer– Haus mit ihrer krank– Tante.

(10) Die kurz– Besichtigungen zeigen uns die interessant– Geschichte der wunderschön– Kirchen.

(b) *Ergänze:*

(1) Frau Müller (lassen) den Wagen auf dem Parkplatz.

(2) Ilse (wissen) nichts von Essen.

(3) Du (bezahlen) eine Mark für die Eintrittskarte.

(4) Er (besichtigen) die Blumenausstellung.

(5) (Wissen) ihr, wie alt ich bin?

(6) Ich (lassen) mein Fahrrad vor dem Laden.

(7) Heute (benutzen) Herr Müller das Auto.

(8) Du (wissen) nichts vom Baldeneysee.

(9) Ihr (lassen) eure Hefte in der Schule.

(10) Ich (wissen) viel über die alten Kirchen.

(c) *Beantworte:*

(1) Was sagt Frau Müller vom Baby?

(2) Was will Ilse sehen?

(3) Wo lassen sie den Wagen?

(4) Wieviel bezahlen sie?

(5) Was machen die Seehunde?

(6) Was gibt es sonst zu besichtigen?

(7) Wie fahren sie zum Baldeneysee?

(8) Wie lange bleiben sie im Wagen sitzen?

(9) Warum ist der Baldeneysee berühmt?

(10) Ist Essen nur schmutzig?

INTERNATIONAL
HO·AW 661
E-WY 64

## XVIII EIN TELEFONGESPRÄCH

Im Flur der Wohnung klingelt der neue Fernsprecher. Frau Müller geht schnell zum Apparat. „Hallo, 22 33 18 07, hier Hanni Müller.“ Frau Müller hört die aufgeregte Stimme ihrer Freundin Lotte Bolle. „Bist du da, Hanni? Hier spricht Lotte. Ist jener neue Apparat in Ordnung? Dieses Telefon macht mich wahnsinnig. Ich bin in einer Fernsprechzelle, und mit diesen modernen Apparaten ist immer etwas nicht in Ordnung.“ „Ach, Lotte, hier ist alles in Ordnung. Kannst du bitte nicht so laut sprechen? Wie geht's denn?“ Lotte antwortet: „Nicht so gut, Hanni. Bei diesem scheußlichen Wetter kann man gar nichts machen. Dieser kalte Wind macht mich wahnsinnig. Jeden Tag haben wir diesen kalten Wind!“ „Ja, Lotte, jeden Tag haben auch wir dieses schlechte Wetter, aber man kann nicht den ganzen Tag zu Hause bleiben. Gehen wir also ins Theater?“ „Ja, gerne, was gibt's zu sehen?“ fragt Lotte. „Willst du das neue Drama sehen, Lotte?“ „Welches neue Drama—das von Max Frisch? Ach, nein, ich kann den Sinn dieser modernen Stücke nicht verstehen. Man muß den Text jedes neuen Dramas studieren. Nur dann kann man es gut verstehen, und ich habe keine Zeit dazu. Ich will Goethes *Götz* sehen. Es ist die neue Aufführung für dieses Jahr.“ „Lotte, ich will nicht wieder in die Schule gehen. Jeder deutsche Schüler und jede deutsche Schülerin muß Goethe in der Schule studieren. Auf jeden Fall kann man fast nie für diese neuen Aufführungen Karten bekommen. Welche Stücke gibt es noch für diese Woche?“ „Gar keine. Wir müssen *Götz* sehen, denn ich habe wirklich schon genug von diesen modernen Dramen. Und wir müssen kurz vor sieben vor dem Theater sein. Geht das?“ „Ja, ist gut, Lotte—aber die Karten. Man muß Karten für jede neue Aufführung im voraus kaufen.“ „Ach, Hanni, die Karten. Die habe ich schon. Auf Wiederhören!“

---

| | | | | | |
|---|---|---|---|---|---|
| der Apparat | das Drama | die Aufführung | klingeln | dieser | Auf Wiederhören |
| der Fall | das Gespräch | die Fernsprechzelle | sprechen | jeder | genug |
| der Fernsprecher | das Telefon | die Stimme | studieren | jener | im voraus |
| der Sinn | das Wetter | die Woche | verstehen | welcher | in Ordnung |
| der Text | | | | kalt | nie |
| der Wind | | | | scheußlich | |
| | | | | wahnsinnig | |

**DIESER kaltE Wind ist unangenehm**
**JEDE deutschE Schülerin studiert Goethe**
**JENES neuE Telefon ist in Ordnung**

**Er kennt JEDEN klugEN Lehrer in der Schule**
**Wir wollen Karten für DIESE neuE Aufführung**
**WELCHES neuE Drama willst du sehen?**

**Die Geschichte DIESES altEN DomES ist interessant**
**Die Architektur JENER großEN Halle ist schön**
**Man muß den Text JEDES berühmtEN StückES studieren**

**Er gibt JEDEM faulEN Schüler mehr Arbeit**
**Sie wohnt bei DIESER dickEN Tante**
**Mit WELCHEM blauEN Wagen fährst du?**

**WELCHE prächtigeN Gärten sind im Grugapark**
**JENE schönEN Sachen sind teuer**
**DIESE jungEN Mädchen tanzen sehr gut**

**Ich besuche DIESE kühlEN Wälder sehr oft**
**WELCHE neuEN Aufführungen willst du sehen?**
**Kann ich JENE prächtigEN Kreuze zeichnen?**

**Der Lärm DIESER großEN Seehunde ist scheußlich**
**Die Kurven JENER langEN Straßen sind gefährlich**
**Ich verstehe den Sinn DIESER modernEN Stücke nicht**

**Mit DIESEN altEN ApparateN ist immer etwas nicht in Ordnung**
**Er bekommt eine Karte von JENEN nettEN TanteN**
**In WELCHEN kleinEN HefteN schreibst du?**

(a) *Ergänze:*
(1) Er – das Auto zu Hause (lassen)
(2) Vati, du – immer zu laut (sprechen)
(3) Das Baby – den ganzen Tag (schlafen)
(4) – ihr in die Stadt? (fahren)
(5) Die Frau – einen Kuchen (backen)
(6) Das Dach des Münsters – zu Boden (fallen)
(7) Im Dom – ich die Madonna (sehen)
(8) Der Mann – eine Apfelsine von dem Jungen (nehmen)
(9) Wie – du? Ich – Karl (heißen)
(10) Die Touristen – vom Münsterschatz (sprechen)

(b) *Ergänze und dann setze in den Plural:*
(1) Der Seehund schwimmt gern in dies– tief– Teich.
(2) Welch– kühl– Wald willst du besuchen?
(3) Die Stimme jen– alt– Tante macht mich wahnsinnig!
(4) Wir können dies– deutsch– Zeitung nicht verstehen.
(5) Das Dach dies– bekannt– Münster– ist prächtig.
(6) Mit welch– hübsch– Verkäuferin sprichst du?
(7) Jen– kostbar– Kreuz steht in der Kirche.
(8) Hier sehen wir dies– neu– Platz und dies– modern– Gebäude.

(c) *Beantworte:*
(1) Wer studiert Goethe in der Schule?
(2) Für welche Aufführungen muß man Karten im voraus kaufen?
(3) Wie oft gehst du in die Schule?

**SPRECHEN**
**ich spreche mit dir**
**du sprichst mit mir**
**er spricht mit ihr**
**sie spricht mit ihm**
**wir sprechen mit Ihnen**
**ihr sprecht mit uns**
**Sie sprechen mit mir**
**sie sprechen mit dir**

(4) Welche Texte muß man in der Schule studieren?
(5) Wie spricht Lotte am Telefon?
(6) Sprichst du oft in der Klasse?
(7) Welche Städte Deutschlands haben ein Theater?
(8) Wo spricht Lotte?
(9) Warum will Lotte das neue Drama nicht sehen?
(10) Wann müssen sie vor dem Theater sein?

# XIX EIN THEATERBESUCH

Am nächsten Tag geht Frau Müller ins Theater. Es ist ein warmer Abend, und sie trägt einen leichten Mantel und ein neues Kleid. „Darf ich den Wagen haben?" fragt sie. „Nein, leider nicht," antwortet ihr Mann, „ich brauche ihn heute abend."

Frau Müller fährt mit dem Bus zum Theater, und Lotte ist schon da. An der Kasse steht eine große Menge Studenten, denn in Deutschland können Studenten Theaterkarten oft sehr billig kaufen. Sie müssen aber oft eine lange Zeit Schlange stehen.

Hanni und Lotte finden ihre Plätze im Theater. Der Vorhang ist schon auf, und die Bühne ist leer. Bald beginnt die Vorstellung. Natürlich ist Goethes *Götz* ein sehr berühmtes Schauspiel in Deutschland, und alle kennen die Handlung gut.

In der Pause trinkt Hanni eine Tasse Kaffee, und Lotte trinkt zwei Glas Apfelsaft. „Dürfen wir hier rauchen?" fragt sie. „Nein, das darf man nicht, gnädige Frau," antwortet ein kleiner, dicker Mann. „Das ist streng verboten."

Bald beginnt der nächste Teil des Stücks. Am Ende eines sehr kräftigen Auftritts flüstert Hanni: „Auf der Bühne ist das Drama ganz anders als in der Schule." „Ruhe, bitte," sagt der kleine, dicke Mann hinter ihnen. „Nicht sprechen!"

Nachher sagt Hanni: „Meiner Meinung nach—eine gute Vorstellung. Was sagst du dazu, Lotte?" „Nicht schlecht," sagt Lotte. „Ich fahre dich nach Hause. Nach einer schönen Vorstellung darfst du nicht mit dem Bus nach Hause fahren."

---

| | | | | | |
|---|---|---|---|---|---|
| der Apfelsaft | die Bühne | das Ende | beginnen | billig | leider |
| der Auftritt | die Handlung | das Kleid | dürfen | kräftig | nachher |
| der Mantel | die Kasse | das Schauspiel | flüstern | leicht | verboten |
| der Student | die Meinung | | rauchen | nächst | gnädige Frau |
| der Vorhang | die Menge | | tragen | streng | Schlange stehen |
| | die Pause | | | | |
| | die Vorstellung | | | | |

**Es ist heute EIN warmER Abend**
**EINE dickE Frau geht nach Hause**
**Götz ist EIN berühmtES Schauspiel**

**Er trägt EINEN neuEN Mantel**
**Sie sehen EINE gutE Vorstellung**
**Wir besuchen EIN kleinES Theater**

**Er ist der Sohn EINES altEN MannES**
**Die Familie wohnt am Ende EINER langEN Straße**
**Ich verstehe den Sinn EINES modernEN DramaS nicht**

**Nach EINEM schönEN Tag geht man glücklich ins Bett**
**Er gibt EINER altEN Frau drei Mark**
**Er wünscht EINEM hübschEN Mädchen alles Gute**

**TRAGEN**
**ich trage ein Paket**
**du trägst ein Buch**
**er trägt einen Mantel**
**wir tragen ein Fahrrad**
**ihr tragt einen Koffer**
**Sie tragen ein Kleid**
**sie tragen einen Stuhl**

**Frau Müller fragt ihren Mann: „Darf ich den Wagen haben?"**
**Peter sagt: „Wolfgang, du darfst zu uns kommen."**
**Der Student darf bei uns wohnen.**
**Lotte fragt: „Dürfen wir im Theater rauchen?"**
**Kinder, in der Klasse dürft ihr nicht sprechen.**
**Herr Lehrer, so etwas dürfen Sie nicht sagen.**
**Die Touristen dürfen jeden Tag eine Besichtigung machen.**

(a) Herr Müller—Mann, Vater, fleißig, gut, groß.
Frau Müller—Frau, Mutter, glücklich, gut, klein.
Peter—Junge, Sohn, Bruder, faul, blond, schmutzig.
Helga—Mädchen, Tochter, Schwester, klug, hübsch, nett.
Heidi—Kind, Schwester, klein, dick.

*Bilde Sätze, so:*
Herr Müller ist ein fleißiger Mann
Herr Müller ist ein guter Vater usw.
(1) Frau Müller ist . . . (2) Peter ist . . .
(3) Helga ist . . . (4) Heidi ist . . .
(5) Herr Müller ist . . .

Herr Müller hat eine gute Frau usw.
(6) Frau Müller hat . . . (7) Peter hat . . .
(8) Helga hat . . . (9) Heidi hat . . .
(10) Herr Müller hat . . .

Frau Müller ist die Frau eines fleißigen Mannes usw.
(11) Herr Müller ist . . . (12) Peter ist . . .
(13) Helga ist . . . (14) Heidi ist . . .

Peter spricht mit einem großen Mann usw.
(15) Helga spricht mit . . . (16) Peter spricht mit . . .

(b) *Ergänze mit ein, eine, usw.:*
(1) Der Bischof gibt – alt–, krank– Frau etwas Geld.
(2) Die Frau hat – groß–, sauber– Küche.
(3) – jung–, hübsch– Mädchen fährt mit – schnell– Zug.
(4) Wir kennen – schön– Park neben – berühmt– Münster.
(5) Jede Woche besuchen wir – klein–, modern– Theater.
(6) Heute ist es – kalt– Abend.
(7) Das Mädchen kauft – klein– Ansichtskarte von Essen.
(8) Die Schülerin geht mit – alt–, klug– Lehrerin aus der Schule.

(c) *Beantworte:*
(1) Wann fährt Frau Müller ins Theater?
(2) Wie fährt sie?
(3) Was trägt sie?
(4) Was für ein Abend ist es?
(5) Was wollen die Studenten an der Kasse?
(6) Was trinken die zwei Frauen in der Pause?
(7) Wer antwortet: „Das ist streng verboten!"?
(8) Wann flüstert Frau Müller?

(d) Gehst du oft ins Theater? Erzähle von einem Theaterbesuch.

INZANO
DIE
ELTMARKE
KOHLE
15
Bahnsteig 6
H

# XX DER UNFALL

Während der Vorstellung im Theater regnet es heftig, und statt eines schönen, warmen Abends finden Frau Müller und ihre Freundin die Straßen ganz naß. Leider regnet es immer noch, und wegen des Wetters müssen sie zum Auto laufen.

Trotz des heftigen Regens fährt Lotte sehr schnell, und ihre Freundin hat Angst. „Lotte, bitte, du sollst nicht so schnell fahren. Sonst gibt es bestimmt einen Unfall. Die Straßen sind sehr naß, und es ist sehr gefährlich."

Während der Fahrt sprechen die zwei Frauen nicht mehr. Lotte sieht einen Zebrastreifen, und sie muß heftig bremsen. Trotz ihrer Anstrengungen schleudert der Wagen nach rechts auf der nassen Straße und schleudert gegen eine Straßenlaterne.

„O! Mein Bein tut mir weh!" weint Lotte, „Du mußt ins Krankenhaus!" sagt Hanni, aber statt eines Krankenwagens kommt ein Polizist. „Verstehen Sie die Verkehrsregeln nicht?" fragt er. „Hier ist eine Geschwindigkeitsbeschränkung von 50 Kilometern."

Der zornige Polizist fragt weiter: „Sind Sie betrunken?" „Das ist sie bestimmt nicht," antwortet Frau Müller laut, „sie trinkt nur Apfelsaft, sage ich Ihnen. Sie ist aber verletzt." Der Polizist gibt ihr einen ungläubigen Blick.

„Dann soll sie sofort ins Krankenhaus," sagt er. „Ich hole meinen Wagen und fahre Sie beide." Wegen des Schadens müssen sie Lottes Auto auf der Straße lassen. Frau Müller spricht mit ihrem Mann am Telefon und erzählt ihm von dem Unfall.

---

der Blick
der Krankenwagen
der Polizist
der Regen
der Schaden
der Unfall
der Zebrastreifen

die Angst
die Anstrengung
die Geschwindigkeits-
beschränkung
die Straßenlaterne
die Verkehrsregel

das Bein
das Krankenhaus

bremsen
laufen
regnen
schleudern
sollen

betrunken
heftig
naß
ungläubig
verletzt

bestimmt
statt
trotz
während
wegen
es tut mir weh

**WÄHREND DER Vorstellung regnet es heftig**
**WÄHREND DER Fahrt sprechen sie nicht**

**WEGEN DES Wetters muß man langsam fahren**
**WEGEN DES Unfalls muß sie ins Krankenhaus**

**TROTZ DES Regens fährt die Frau sehr schnell**
**TROTZ IHRER Anstrengungen schleudert das Auto**

**STATT EINES Krankenwagens kommt ein Polizist**
**STATT EINES schönen Abends ist das Wetter kühl**

(a) *Ergänze:*

(1) Während – kann man nichts hören

(2) Wegen – bleibt die Familie zu Hause

(3) Trotz – ist der Wind sehr kalt

(4) Zum Geburtstag bekommt er einen Füllhalter statt –

(5) Während – lacht der Onkel sehr viel

(6) Der Bus fährt langsam wegen –

(7) Trotz – fährt Lotte sehr schnell

(8) Im Laden kauft sie eine Apfelsine statt –

(b) *Benutze die Verben können, wollen, müssen, sollen, dürfen, so:*

*Beispiel:* Ich spreche mit dieser kranken Frau.
Ich kann, will, muß, soll, darf mit dieser kranken Frau sprechen.

(1) In einem Theater raucht man nicht oft.
(2) Du gehst auf dem Zebrastreifen über die Straße.
(3) Bei schlechtem Wetter fahren Sie langsam.

| | |
|---|---|
| **Ich soll** | **den Münsterschatz sehen** |
| **Du sollst** | **den Baldeneysee besuchen** |
| **Man soll** | **Theaterkarten im voraus kaufen** |
| **Wir sollen** | **es unseren Eltern erzählen** |
| **Kinder, ihr sollt** | **nicht so viel Lärm machen** |
| **„Sie sollen** | **nicht so schnell fahren," sagt der Polizist** |
| **Kinder sollen** | **früh ins Bett gehen** |

| | |
|---|---|
| **ich laufe** | **in den Garten** |
| **du läufst** | **im Park** |
| **er läuft** | **auf dem Rasen** |
| **wir laufen** | **nach dem Bus** |
| **ihr lauft** | **mit euren Freunden** |
| **Sie laufen** | **zum Auto** |
| **sie laufen** | **ins Theater** |

(4) Heute besuchen wir den Münsterschatz.
(5) Kinder, schwimmt ihr in diesem schmutzigen Wasser?
(6) Nach einem langen Tag gehen die Kinder früh ins Bett.
(7) Die Frauen lassen ihr Auto auf der Straße.
(8) Der Tourist besucht den Grugapark.
(9) Während der Vorstellung spricht man nicht.
(10) Herr Wagner, trinken Sie Kaffee in der Pause?

(c) *Ergänze:*

(1) Dies– dick– Bischof geht in – alt– Münster.
(2) Welch– bequem– Sessel willst du in dies– teuer– Laden kaufen?
(3) Ich kann – Sinn dies– modern– Dramen nicht verstehen.
(4) Jed– Tag und jed– Woche geht sie mit – deutsch– Schüler– zur Schule.
(5) – großzügig– Tante gibt – klein– Jung– eine Apfelsine.
(6) Jen– groß– Kuchen sind besser als dies– klein– Kuchen.
(7) Für – neu– Aufführungen muß man – billig– Karten im voraus kaufen.
(8) – jung– Bruder jen– berühmt– Mann– heißt Karl.
(9) Welch– ander– Kirchen willst du in dies– alt– Stadt besuchen?
(10) – streng– Lehrer geben – faul– Jungen viel Arbeit.

## XXI IM KRANKENHAUS

Unsere armen Freundinnen lassen ihr beschädigtes Auto da, und in zehn Minuten erreichen sie das städtische Krankenhaus. Lotte stöhnt: „O! Hanni, dein neues Kleid und dein neuer Mantel sind so schmutzig!“ „Ach, das macht nichts,“ antwortet Hanni.

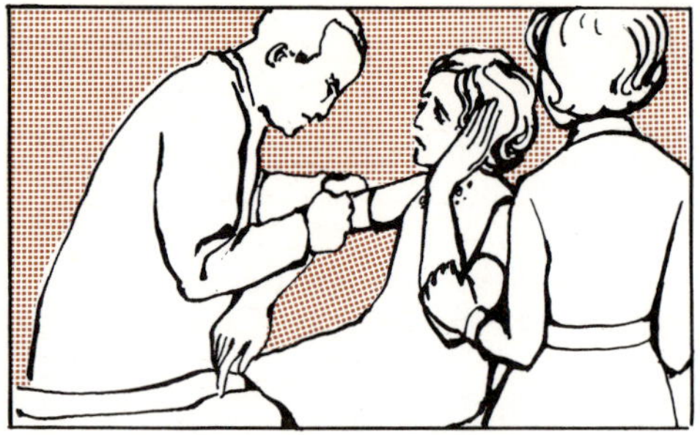

Der Arzt kommt, und Lotte weint wieder: „O! mein Bein tut mir furchtbar weh!“ „Ihr rechtes oder Ihr linkes Bein?“ fragt der Arzt. „Mein linkes Bein und auch mein rechter Arm. O! ich will nach Hause gehen“ sagt sie, und ihre bleichen Lippen zittern.

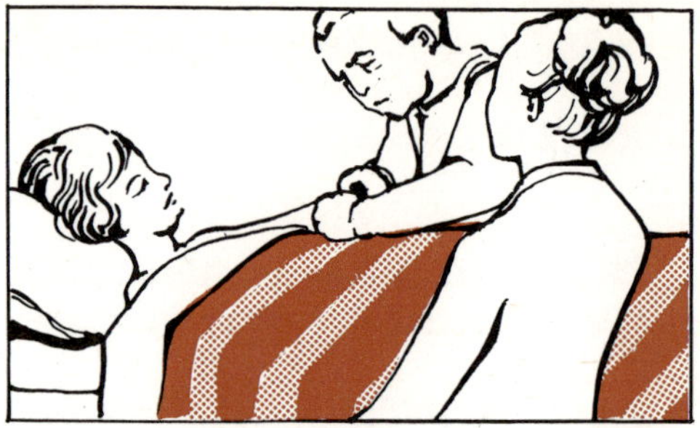

Zuerst untersucht sie der Arzt. „Unsinn, das ist gar nicht so schlimm. Ihr Bein ist verletzt, denk' ich, aber mit Ihrem rechten Arm ist nichts los.“ Dann gibt er seiner unglücklichen Patientin eine Spritze, und in einigen Minuten schläft Lotte.

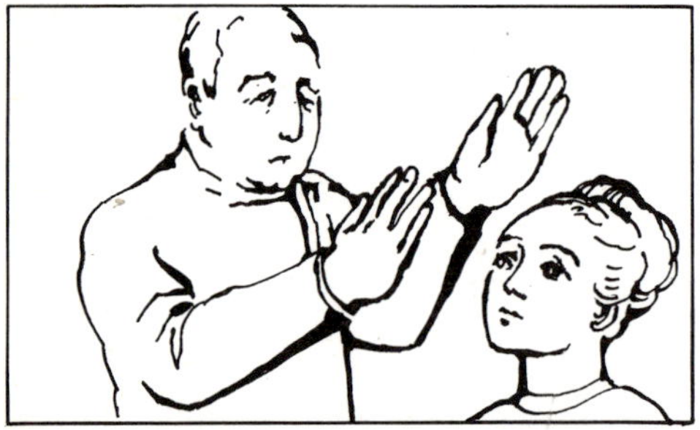

„Ja, ja,“ sagt der Arzt, „Autounfälle sind ein großes Problem für unsere moderne Welt und auch für unsere zu kleinen Krankenhäuser. Oft sind die Straßen unserer alten Städte zu eng. Selbst mit unseren neuen Arzneien können wir nicht alles machen.“

In diesem Augenblick kommt Herr Müller mit einer Krankenschwester ins Zimmer. „Guten Abend!“ sagt er, „und was macht denn ihr beide? Lotte wieder am Steuer? Euer schöner Abend hat ein schlimmes Ende, und ich muß meine lieben Kinder zu Hause lassen.“

„Das mag wohl sein, Rudi, aber jetzt will ich nach Hause fahren. Lotte muß hier bleiben, und wir können sie morgen besuchen.“ „Besser hier im Bette als im Auto auf der Straße,“ lacht Herr Müller, „deine arme Freundin fährt schlecht—wie alle Frauen!“

| | | | | | | |
|---|---|---|---|---|---|---|
| der Arm | die Arznei | das Problem | denken | arm | | besser |
| der Arzt | die Lippe | das Steuer | erreichen | beschädigt | | los |
| der Augenblick | die Patientin | | mögen | bleich | | morgen |
| der Unsinn | die Spritze | | stöhnen | eng | schlimm | zuerst |
| | die Welt | | untersuchen | furchtbar | städtisch | |
| | | | zittern | lieb | unglücklich | |

**MEIN rechtER Arm ist verletzt**
**UNSERE altE Kirche ist beschädigt**
**IHR neuES Kleid ist schmutzig**
**MEINE altEN Eltern wohnen in Berlin**

**Der Lehrer gibt DEINEM faulEN Sohn viele Aufgaben**
**Wir gehen mit UNSERER krankEN Tochter ins Krankenhaus**
**Die Kinder wünschen IHREM müdEN Vater „Guten Morgen!"**
**Ihr gebt EUREN jungEN KinderN zu viel Geld**

**Ich kenne DEINEN liebEN Freund**
**Wir gehen durch SEINE großE Wohnung**
**Touristen besuchen EUER berühmtES Münster**
**Ich kenne DEINE klugEN Freunde**

**Die Blumen MEINES kleinEN GartenS sind schön**
**Haben Sie die Adresse IHRER hübschEN Nichte?**
**Die Fenster SEINES bequemEN ZimmerS sind offen**
**Die Straßen UNSERER deutschEN Städte sind eng**

**MÖGEN**

| | |
|---|---|
| **ich mag** | **wir mögen** |
| **du magst** | **ihr mögt** |
| **er mag** | **Sie mögen** |
| | **sie mögen** |

(a) *Ergänze:*
(1) Mei– alt–, faul– Bruder wohnt in Essen.
(2) Dei– dick–, krank– Tante ist in Berlin.
(3) Sei– groß–, modern– Haus ist in der Stadt.
(4) Wir besuchen unse– berühmt–, nett– Arzt.
(5) Ihr habt eu– hübsch–, klein– Schule.
(6) Sie haben Ih– bequem–, alt– Wirtshaus sehr gern.
(7) Sie wünschen ih– klein–, dick– Kind– Guten Abend.
(8) Ich sage mei– faul–, blond– Sohn Guten Morgen.
(9) Vati gibt sei– fleißig–, nett– Tochter ein Geschenk.
(10) Das Dach ih– billig–, schmutzig– Laden– ist gefährlich.
(11) Die Tür dei– schön–, neu– Wohnung ist offen.
(12) Die Stühle ih– warm–, angenehm– Büro– sind bequem.

(b) *Ergänze:*
(1) D– Haus ih– lieb– Freunde steht am Ende ei– lang– Straße.
(2) D– Herr geht mit sei– klein– Kinder– zur Schule.
(3) Mei– krank– Patientinnen sind in d– städtisch– Krankenhaus.
(4) Ih– link– Bein und Ih– recht– Arm sind verletzt.
(5) Dei– arm– Freundin weint, und ih– bleich– Lippen zittern.
(6) Sind eu– deutsch– Bücher zu Hause?
(7) D– viel– Straßen unse– alt– Städte sind zu eng.
(8) Sie besuchen d– prächtig– Münster ih– alt– Bischof–.
(9) D– faul– Schüler stehen in d– schmutzig– Ecke ei– groß– Zimmer–.
(10) D– glücklich– Fußgänger fahren durch d– bekannt– Park mit d– klein– Eisenbahn.
(11) Mei– blau– Kugelschreiber liegt unter dei– klein– Pult.
(12) Wir fahren mit unse– schwarz– Auto über d– lang– modern– Eisenbahn.
(13) D– blond– Junge nimmt ein dick– Paket aus sei– beschädigt– Mappe.
(14) Kinder, ihr dürft in d– tief– Wasser d– schmutzig– Teich– nicht schwimmen.
(15) Hinter d– nächst– Baum ist ei– schön– Blume.
(16) Dei– neu– Mantel ist in d– groß– Kleiderschrank neben d– leer– Koffer.
(17) Onkel Burkhard steckt sei– schwer– Koffer unter d– eng– Bett.
(18) D– dick– Frau steht vor d– klein– Spiegel und weint.
(19) Trotz d– heftig– Regen– gehen d– aufgeregt– Touristen in d– kühl– Wald.
(20) Während d– lang– Fahrt sprechen d– zornig– Besucher nicht viel.

# XXII WIEDERHOLUNG II

Wir wissen schon ziemlich viel über die Stadt Essen im Ruhrgebiet. In der Stadtmitte finden wir das alte Münster und viele Theater und Wirtshäuser. Um die Marktkirche gibt es keinen Verkehr: Einwohner und Touristen dürfen zu Fuß durch die Straßen gehen. In den Kaufhäusern kann man fast alles kaufen: es gibt viele Schilder, wie zum Beispiel „Schreibwaren", „Ansichtskarten", „Pflanzen" und so weiter, und darunter steht eine Verkäuferin. Peters Eltern besuchen oft ein Café neben dem Kaufhaus Wertheim; sie lassen den Kinderwagen vor dem Eingang, trinken eine Tasse Kaffee und bezahlen nachher an der Kasse.

Der berühmte Grugapark hat ein Restaurant, eine prächtige Halle für Blumenausstellungen, einen Teich mit Seehunden und eine Eisenbahn. Man bezahlt eine Mark für eine Eintrittskarte, dann darf man die Gärten und die Grugahalle besichtigen, oder auf dem Rasen liegen. Südlich vom Park erreichen wir den Essener Wald, und dadurch kommen wir an das offene Wasser des Baldeneysees: wollen wir baden und schwimmen darin? Nein, es ist scheußlich kalt und furchtbar naß! Nördlich von der Stadtmitte beginnen die Fabriken, und sie sind nicht sauber wie die südlichen Vororte. Ringsumher baut man moderne Straßen, und man fährt ohne Geschwindigkeitsbeschränkung. Oft gibt es einen Unfall—ein Fußgänger ist auf dem Zebrastreifen, ein Bus bremst vor der Kurve und schleudert in die linke Spur. Man muß eine Fernsprechzelle finden; ein Krankenwagen kommt, ein Arzt und eine Krankenschwester sind schnell da, und man erzählt dem Polizisten die unglückliche Geschichte.

Im Mittelalter ist Essen nicht als Einkaufsstadt, sondern für seinen Münsterschatz bekannt, mit dieser wunderschönen Madonna, dem kräftigen Schwert, den Kreuzen aus Gold und Silber, und wegen der Kirche in Essen-Werden mit ihren interessanten Dächern und Türmen.

Jede Woche sehen Tausende von Essenern die Aufführungen im städtischen Schauspielhaus: die Plätze sind angenehm und billig. Während der Pause zwischen den Auftritten mögen viele Besucher ins Café gehen und einen Apfelsaft trinken oder rauchen; dann geht die Menge wieder ins Theater und flüstert; es klingelt, und sie erwarten eine Minute lang den nächsten Teil des Spiels. Einige Studenten studieren den Text und verstehen im voraus die Handlung auf der Bühne. Nach dem Ende der Vorstellung sprechen sie natürlich davon; leider müssen sie das leere Theater verlassen, und sie tragen als Andenken an das Drama eine Sammlung wunderschöner Augenblicke.

Ilse spricht am Telefon mit ihrer Tante: „Liebe Ilse, bist du's?" fragt diese ungläubig, „Von so weit? Sprichst du vom Postamt? Ich bin überrascht, ich denke, du sollst morgen kommen. Ist alles in Ordnung? Regnet es bei euch?" „Ja, leider sehr viel—mein kostbares Kleid ist beschädigt. Habt ihr Sonnenschein bei euch?" „Wir haben es besser—selbst diese Industriestadt hat kein Problem mit dem Sonnenschein." „Ich komme bestimmt; ist es warm oder kühl?" „Es ist kühl, und du mußt unbedingt deinen Mantel tragen, du armes Mädchen. Bis morgen. Auf Wiederhören!"

(a) *Setze in den Plural:*

(1) Der Opa gibt seiner Tochter das Fahrrad.
(2) Das Bad ist in dem Haus mit dem Dach.
(3) Der Onkel kauft das Auto für die Freundin.
(4) Die Mutter bäckt den Kuchen für die Patientin
(5) Das Baby schläft in dem Büro seines Vaters.

(b) *Ergänze:*

(1) Die Frau (lassen) den Wagen hinter der Kirche.
(2) (tragen) du heute einen neuen Mantel?
(3) Kinder, (sehen) ihr den Baldeneysee?
(4) Unser Arzt (heißen) Herr Erler.
(5) Die Touristen (sprechen) mit dem Polizisten.
(6) Der Junge (laufen) schnell nach Hause.
(7) Im Theater (dürfen) man nicht rauchen.
(8) Jetzt (müssen) du ins Bett gehen.
(9) Ich (wissen) schon viel über Essen.
(10) (können) ihr uns vielleicht besuchen?

(c) *Beispiel:* Ich stehe in dem Garten — Ich stehe im Garten.

(1) Der Bus fährt von dem Dom bis zu der Kirche.
(2) Sie geht in das Krankenhaus und zittert in dem Büro des Arztes.
(3) Frau Müller geht zu dem Kaufhaus und steht an dem Haupteingang.
(4) Der Bischof sitzt an dem Fernsprecher, und dann geht er in das Gebäude.
(5) Wir sprechen oft in dem Wirtshaus von dem Krieg.

(d) *Bilde Sätze:*

| | | | |
|---|---|---|---|
| ins Krankenhaus | nachher | glücklich | der Polizist fährt |
| aus dem Zimmer | oft | schnell | die Patientin geht |
| ins Café | zum ersten Mal | zu Fuß | die Studenten laufen |
| nach Hause | jede Woche | gern | die Eltern gehen |
| in die Kirche | sofort | mit dem Wagen | die Touristen fliegen |

(e) *Ergänze:*

(1) Er nimmt den Stein aus sei– Tasche und steckt ihn in – Pult.
(2) Nach – Vorstellung geht sie von – Theater über – Straße zu – Bahnhof.
(3) Wegen – Wetter– müssen sie mit – Bus fahren.
(4) Das Briefpapier liegt unter – Tisch zwischen – Mantel und – Paket.
(5) Der Arzt wohnt schon seit ei– Jahr bei – Familie.
(6) Gegenüber – Hauptstraße neben – Eingang des Domes steht eine Straßenlaterne.
(7) Trotz – Verkehrsregeln fährt der Polizist zu schnell.
(8) Er steht vor – Klasse und schreibt an – Tafel.
(9) Während – Schauspiel– fällt der Vorhang plötzlich auf – Bühne.
(10) Statt ei– Buch– kauft er eine Karte und steckt sie hinter – Pflanze.

(f) *Schreibe einige Sätze über:*

(1) Die Stadt Essen.
(2) Deine Stadt.
(3) Einen Theaterbesuch.
(4) Einen Unfall.
(5) Einen Ausflug.

(g) *Beispiel:* Ich gehe *mit meinem Freund* nach Hause.
Ich gehe mit ihm nach Hause.

(1) Die Kinder laufen *mit ihren Freunden durch den Wald.*
(2) Wir wissen viel *über dieses Problem.*
(3) Lotte sitzt *am Steuer* und fährt *mit Ilse nach Dortmund.*
(4) *Vor dem Theater* sind viele Studenten *mit ihren Freundinnen.*
(5) Er schwimmt *im Teich mit seinem Sohn.*
(6) *Unter den Bäumen* sitzen die Eltern *mit den Kindern.*
(7) *Zwischen den Auftritten* sprechen die Besucher *vom Wetter.*
(8) *Auf dem Bett* ist ein Kleid.
(9) Sie kommen *aus allen Erdteilen* nach Essen.
(10) Er kauft etwas *für die Wohnung* und fährt *mit dem Fahrrad* nach Hause.

(h) *Beantworte:*

(1) Wo wohnt die Familie Müller?
(2) Wie fährt die Familie Müller in die Stadt?
(3) Wie heißen die großen Städte Westdeutschlands?
(4) Welche Teile der Stadt Essen sind besonders bekannt?
(5) Was ist der Grugapark?
(6) Was sieht man im Grugapark?
(7) Wie heißt das große Kaufhaus in Essen?
(8) Was kann man in einem Kaufhaus kaufen?
(9) Was ist der Münsterschatz?
(10) Was baut man in Essen seit dem Krieg?
(11) Wie groß ist der Baldeneysee?
(12) Was sieht man unterwegs von Essen zum Baldeneysee?
(13) Wo findet man immer einen Fernsprecher?
(14) Für welche Aufführungen kann man oft keine Karten kaufen?
(15) Was darf man in einem Theater nicht machen?
(16) Was macht man im Theater während der Pause?
(17) Was muß man an einem Zebrastreifen machen?
(18) Wann muß man immer langsam fahren?
(19) Was gibt ein Arzt oft einer kranken Patientin?
(20) Was ist ein großes Problem für unsere Krankenhäuser?



(i) *Beispiel:* Er wohnt bei seinem Freund.
Er wohnt bei ihm.

(1) Er spielt mit seiner Schwester.
(2) Der Onkel wohnt bei Helga und Peter.
(3) Wir hören nichts von der Oma.
(4) Sie sitzt dem Mann und der Frau gegenüber.
(5) Die Mutter fährt mit dem Baby in die Stadt.

(j) *Beispiel:* Ich gebe meinem Freund ein Geschenk.
Er bekommt ein Geschenk von mir.

(1) Wir schenken unserem Onkel einen Kuchen.
(2) Sie geben Ihrer Nichte einen Blumenstrauß.
(3) Ich gebe meinem Baby einen Kuß.
(4) Du gibst deiner Freundin einen Ring.
(5) Ihr gebt eurem Lehrer eine Apfelsine.

(k) *Ergänze und dann setze in den Plural:*

(1) Welch– schön– Geschenk willst du? Dies– kostbar– Ring oder jen– groß– Lampe?
(2) D– kurz– breit– Straße führt zu d– bekannt– Wald.
(3) Jen– jung– Herr wohnt in dies– schmutzig– klein– Haus.
(4) Während d– lang– Krieg– wohnen wir bei d– alt– Bischof.
(5) Die Architektur dies– modern– neu– Kirche und jen– berühmt– Münster– ist schön.
(6) D– kühl– Hand d– hübsch– Krankenschwester untersucht d– verletzt– Arm d– bleich– Patientin.
(7) Kennen Sie die Eltern dies– krank– Student–?
(8) Wir sehen d– groß– weiß– Seehund in d– tief– Wasser d– schmutzig– Teich–.
(9) Bei welch– deutsch– Familie wohnst du?
(10) Jed– Tag besuchen wir d– arm– Mädchen in d– kalt– Wohnung.

# XXIII DIE MONATE UND DIE JAHRESZEITEN

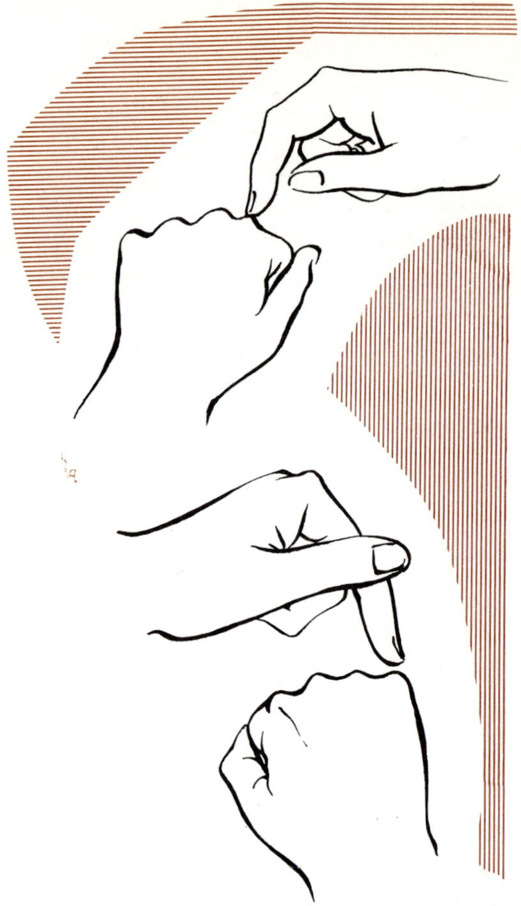

Wieviele Tage haben die zwölf Monate des Jahres? Das kannst du selbst leicht wissen! Zuerst mußt du mit der rechten Hand die Knöchel auf der linken zählen, so: Januar, März, Mai, Juli. Zwischen den Knöcheln kommen Februar, April und Juni. Dann mußt du mit der linken Hand die Knöchel auf der rechten zählen, so: August, Oktober, Dezember. Dazwischen kommen September und November. Alle Monate auf den Knöcheln haben einunddreißig Tage, die anderen dreißig Tage. Nur Februar hat achtundzwanzig Tage und manchmal, alle vier Jahre, neunundzwanzig Tage. Jetzt zählen wir noch einmal: Januar, Februar, März, April, Mai, Juni, Juli, August, September, Oktober, November, Dezember. Januar ist der erste Monat, Februar der zweite, März der dritte, April der vierte, Mai der fünfte, und so weiter bis zum Dezember dem zwölften Monat des Jahres. Der erste Januar heißt Neujahr. Ostern ist im März oder im April, und Pfingsten ist sieben Wochen nachher im Mai oder im Juni. Natürlich ist Weihnachten immer im Dezember. Am vierundzwanzigsten ist der Heilige Abend, und an diesem Abend bekommt jedes Kind seine Geschenke vom Weihnachtsmann. Der fünfundzwanzigste Dezember ist der erste Weihnachtstag und der sechsundzwanzigste der zweite Weihnachtstag. Am einunddreißigsten ist Silvester. Am siebzehnten Juni ist der Tag der deutschen Einheit. An diesem Feiertag denken die Deutschen an die zwei Teile Deutschlands, West- und Ostdeutschland, und am Totensonntag, das heißt dem zweiten Sonntag im November, denkt man in Deutschland wie bei uns in England an die Toten der zwei großen Kriege. Vom zwanzigsten März bis zum einundzwanzigsten Juni ist es Frühling, und vom einundzwanzigsten Juni bis zum dreiundzwanzigsten September ist es Sommer. Der Herbst beginnt am dreiundzwanzigsten September und der Winter am einundzwanzigsten Dezember. Der Wievielte ist heute? (Man kann auch sagen „Den Wievielten haben wir heute?“) Du kannst antworten: „Heute ist der erste, der zweite, der vierzehnte, der neunzehnte Januar, April, Mai . . .“ oder „Heute haben wir den sechzehnten, den siebenundzwanzigsten März, Oktober, Februar . . .“ und so weiter.

---

der Frühling
der Herbst
der Knöchel
der Monat
der Sommer
der Sonntag
der Tote
der Winter

die Einheit

zählen

ander(er)
heilig

April
August
Dezember
Februar
Januar
Juli
Juni
Mai

März
November
Oktober
Ostern
Pfingsten
September
Silvester
Weihnachten

manchmal
der Wievielte?

**Januar ist der erste Monat**
**Februar ist der zweite Monat**
**März ist der dritte Monat**
**Juli ist der sieb(en)te Monat**
**August ist der achte Monat**
**Oktober ist der zehnte Monat**

**Ostern ist IM März oder IM April**

**Pfingsten ist IM Mai oder IM Juni**

**Der zweite Sonntag IM November heißt Totensonntag**

**Am dreiundzwanzigsten (am 23.) September beginnt der Herbst**
**Am fünfundzwanzigsten (am 25.) Dezember ist der erste Weihnachstag**
**Am einunddreißigsten (am 31.) Dezember ist Silvester**

**Der Wievielte ist heute?**
**Heute ist der zehnte Mai (der 10. Mai)**
**Heute ist der achtzehnte August (der 18. August)**

**Den Wievielten haben wir heute?**
**Heute haben wir den elften Juli (den 11. Juli)**
**Heute haben wir den dreißigsten März (den 30. März)**

(a) *Beantworte:*
(1) Wieviele Tage haben März, Mai, August und Oktober?
(2) Wieviele Tage haben September, November und Juni?
(3) Wie kannst du das leicht wissen?
(4) Wie oft hat Februar 29 Tage?
(5) Wieviele Tage hat eine Woche?
(6) Wieviele Wochen hat ein Jahr?
(7) Wieviele Stühle sind in deinem Klassenzimmer?
(8) Wieviele Lehrer und Lehrerinnen hat deine Schule?
(9) Wieviele Stunden hat der Tag?
(10) Wieviele Minuten hat eine Stunde?

(b) *Beantworte:*
(1) In welchem Monat ist Ostern?
(2) In welchem Monat ist Pfingsten?
(3) Wann ist Weihnachten?
(4) Wann bekommen die deutschen Kinder ihre Geschenke?
(5) Welcher Sonntag im November ist Totensonntag?
(6) Wann ist der Tag der deutschen Einheit?
(7) Wie heißen die zwei Teile Deutschlands?
(8) An welchem Tag ist Silvester?
(9) Den Wievielten haben wir heute?
(10) Wann hast du Geburtstag?

(c) *Beantworte:*
(1) Ist November der erste Monat?
(2) Welche Monate sind August, Juli und Oktober?
(3) Wie heißt der vierte Monat?
(4) In welcher Jahreszeit ist November?
(5) In welcher Jahreszeit ist August?
(6) Ist Januar im Frühling?
(7) Was für Wetter hat man im Sommer?
(8) Was für Wetter hat man im Winter?
(9) Wann beginnt der Herbst?
(10) Wann beginnt der Frühling?

(d) *Ergänze:*
(1) März ist der – Monat des Jahres.
(2) Der Tag der deutschen Einheit ist am – Juni.
(3) Dezember ist der – Monat.
(4) Der Sommer beginnt am – Juni.
(5) Neujahr ist am – Januar.
(6) Das Schuljahr beginnt am – September.
(7) Ostern ist – März oder – April.
(8) Am – Dezember ist der Heilige Abend.
(9) Ich habe am – – Geburtstag.
(10) August hat – Tage.

## XXIV AM BAHNHOF

Die Müllers erwarten noch einen Besuch von Onkel Burkhard. Herr Müller und Peter sollen ihn am Bahnhof treffen. In der Eingangshalle sucht Herr Müller den Plan. „Ach so! Es gibt so viele Züge aus Hannover. Wir müssen aufmerksam lesen."

Herr Müller liest vom Plan: „Es gibt einen D-Zug aus Hannover um zehn Uhr fünfzig—ach nein, der fährt nur Sonntags, und heute haben wir Montag. Also, elf Uhr dreißig alle Tage außer Mittwoch, kommt in Gleis zwei. Wollen wir dahin?"

Sie gehen durch eine Unterführung und erreichen den dritten Bahnsteig. Dort hören sie durch den Lautsprecher: „Achtung bitte! Der Trans-Europa-Expreß hat jetzt Einfahrt auf Gleis zwo; planmäßige Abfahrt um elf Uhr siebenundzwanzig."

„Nein, dieser kommt nicht aus Hannover," sagt Herr Müller. „Wir haben noch zehn Minuten zu warten." „Wann fährt Onkel Burkhard wieder nach Hause?" fragt Peter. „Donnerstag, glaube ich, oder Freitag," antwortet der Vater.

Nun spricht noch einmal der Lautsprecher: „Der Zug Nummer D-52 aus Hannover hat fünfzehn Minuten Verspätung." „Ach, eine Viertelstunde!" stöhnt Herr Müller, und blickt auf seine Armbanduhr, „Er kommt erst um viertel vor zwölf. Wir warten noch."

Endlich kommt der Zug mit Onkel Burkhard. Er grüßt seinen Neffen: „Ich habe etwas für dich in meinem Koffer." „Wir müssen jetzt nach Hause—wir essen um halb eins," sagt Herr Müller. „Deine Tagung ist morgen, also Dienstag; du brauchst Ruhe."

---

der Bahnsteig
der Dienstag
der Donnerstag
der Freitag
der Mittwoch
der Montag
der Plan

die Abfahrt
die Armbanduhr
die Einfahrt
die Nummer
die Richtung
die Uhr
die Verspätung

das Gleis
das Viertel

grüßen
lesen
suchen
treffen
warten

Achtung bitte!
aufmerksam
außer

dahin
einmal
endlich
erst
halb
nun
planmäßig

**Abfahrt der Züge in Richtung Dortmund**

| Gleis | Uhr | | LESEN |
|---|---|---|---|
| 8 | 5.40 | fünf Uhr vierzig | ich lese aufmerksam |
| 6 | 6.30 | sechs Uhr dreißig | du liest schnell |
| 8 | 7.10 | sieben Uhr zehn | er liest den Plan |
| 8 | 8.05 | acht Uhr fünf | wir lesen den Text |
| 6 | 8.35 | acht Uhr fünfunddreißig | ihr lest sehr gut |
| 8 | 9.50 | neun Uhr fünfzig | Sie lesen Ihr Buch |
| 6 | 10.15 | zehn Uhr fünfzehn | sie lesen zu viel |

**Die Tage der Woche**
**Sonntag**
**Montag**
**Dienstag**
**Mittwoch**
**Donnerstag**
**Freitag**
**Samstag**

**viertel nach elf (ODER ein Viertel zwölf)**

**halb eins**

**viertel vor zwei (ODER dreiviertel zwei)**

**fünf Minuten vor drei**

(a) *Bilde Sätze:*

| | | | |
|---|---|---|---|
| (1) | Sonntags | macht er | kein Geld |
| (2) | Montags | bleibe ich | in die Kirche |
| (3) | Dienstags | besuchen sie | ein Fußballspiel |
| (4) | Mittwochs | gehst du | zu Hause |
| (5) | Donnerstags | suchen wir | das Theater |
| (6) | Freitags | liest sie | seine Hausarbeit |
| (7) | Samstags | haben Sie | die Wochenzeitung |

(b) *Diese Züge haben zwanzig Minuten Verspätung; wann kommen sie in den Bahnhof?*

(1) Sieben Uhr fünf aus Gelsenkirchen.
(2) Sieben Uhr fünfundfünfzig aus Duisburg.
(3) Acht Uhr zwanzig aus Dortmund.
(4) Neun Uhr zehn aus Hannover.
(5) Zehn Uhr fünfundzwanzig aus Münster.
(6) Elf Uhr fünfunddreißig aus Berlin.
(7) Zwölf Uhr dreißig aus Kiel.
(8) Fünf Uhr fünfundvierzig aus München.

(c) *Beantworte:*

(1) Um wieviel Uhr gehst du schlafen?
(2) Was liest du jeden Morgen?
(3) Mit welchem Tag beginnt die Woche?
(4) Um wieviel Uhr habt ihr Frühstück?
(5) Wann beginnt die erste Schulstunde?
(6) Was sagt Onkel Burkhard seinem Neffen?
(7) Könnt ihr ein deutsches Buch lesen?
(8) An welchen Tagen geht ihr nicht in die Schule?

## XXV IM RESTAURANT

Um seine drei Tage in Essen zu feiern, nimmt Onkel Burkhard eines Abends Herrn und Frau Müller als seine Gäste in ein Restaurant. Herr Müller sagt zu den Kindern: „Mit kleinen Kindern kann man nicht in große Restaurants gehen!", und er lacht. Helga und Peter müssen zu Hause bleiben, um ihre Schularbeiten zu machen. Burkhard fährt mit seinen Gästen zu einem kleinen, nicht teuren Restaurant. Auf den Tischen stehen schöne Blumen, und es liegen auch silberne Messer, Gabeln und Löffel dort. Onkel Burkhard ruft den Kellner: „Herr Ober, dürfen wir bitte die Speisekarte haben?" Der Kellner bringt die Speisekarte, und alle drei lesen darin. „Was willst du essen, Hanni?" fragt Burkhard. „Als ersten Gang—klare Suppe, als zweiten Gang gebratenes Huhn mit grünem Salat" antwortet Frau Müller. „Mit Bratkartoffeln oder mit Brot?" fragt Burkhard weiter. „Ach," sagt Herr Müller, „Meine Frau ißt kein Brot und keine Kartoffeln." „Nein," sagt Hanni, „Um schlank zu bleiben soll man keine Kartoffeln und kein Brot essen. Und eine Frau mittleren Alters wie ich soll nicht dick sein." Sie lachen, und Burkhard fragt: „Was ißt du, Rudi?" „Wie Hanni," sagt Herr Müller, „Klare Suppe schmeckt gut. Gebratenes Huhn mit vielen Bratkartoffeln und mit gemischtem Gemüse." „Und ich esse Wiener Schnitzel mit Salat und etwas Brot dazu." Der Kellner bringt das Essen und wünscht ihnen „Guten Appetit!" „Schmeckt es?" fragt Burkhard. „Prima!" antworten Herr und Frau Müller. Nach dem Essen trinken sie alle schwarzen Kaffee, und dann sagt Burkhard: „Ihr seid meine Gäste, und ich bezahle für euch. Darf ich die Rechnung haben?" fragt er den Kellner. Der Kellner bringt die Rechnung. Burkhard bezahlt und läßt für ihn ein großes Trinkgeld auf dem Tisch. Dann gehen sie frohen Sinnes wieder nach Hause.

---

| | | | | | | | |
|---|---|---|---|---|---|---|---|
| der Gang | die (Brat)kartoffel | das Alter | das Messer | essen | froh | schlank | Guten Appetit! |
| der Gast | die Gabel | das Brot | das Trinkgeld | feiern | gebraten | silbern | mittleren Alters |
| der (Ober)kellner | die Rechnung | das Essen | das Wiener Schnitzel | schmecken | gemischt | | Prima |
| der Salat | die Speisekarte | das Gemüse | | | grün | | |
| | die Suppe | das Huhn | | | klar | | |

**Kühler Apfelsaft schmeckt gut**
**Klare Suppe schmeckt gut**
**Gebratenes Huhn schmeckt gut**

**Er trinkt schwarzen Kaffee**
**Er trinkt warme Milch**
**Er trinkt kaltes Wasser**

**Hier ist eine Frau mit neuem Mantel**
**Hier ist eine Frau mit lauter Stimme**
**Hier ist eine Frau mit blauem Kleid**

**Sie gehen frohen Sinnes nach Hause**
**Sie gehen nach einem Tag schwerer Arbeit nach Hause**
**Sie gehen mit einer Frau mittleren Alters nach Hause**

**Kleine Kinder gehen nicht in große Restaurants**
**Er hat einen Garten voll schöner Blumen und mit prächtigen Wasserspielen**

**Die Kinder bleiben zu Hause, *um* ihre Aufgaben *zu* machen**
***Um* seinen Geburtstag *zu* feiern, geht der Mann ins Theater**

**ESSEN**
**ich esse kein Brot**
**du ißt ein Wiener Schnitzel**
**er ißt viele Kartoffeln**
**wir essen um sieben Uhr**
**ihr eßt sehr schnell**
**Sie essen gebratenes Huhn**
**sie essen grünen Salat**

(a) *Beispiel:* Er geht in die Stadt. Er besucht seine Mutter.
Er geht in die Stadt, um seine Mutter zu besuchen.

(1) Die Frau geht ins Kaufhaus. Sie kauft ein Pfund Apfelsinen.
(2) Ich bleibe zu Hause. Ich mache meine Schulaufgaben.
(3) Burkhard ruft den Kellner. Er gibt ihm ein Trinkgeld.
(4) Die Touristen kommen nach Essen. Sie besuchen das Münster.
(5) Die Frau ißt kein Brot. Sie bleibt schlank.
(6) Der Herr geht ins Wirtshaus. Er feiert seinen Geburtstag.
(7) Die Freundinnen laufen durch den Regen. Sie erreichen schnell ihr Auto.
(8) Der Lehrer geht ins Klassenzimmer. Er spricht mit seiner Klasse.
(9) Wir fahren mit dem Bus. Wir kommen schnell in die Stadt.
(10) Wir geben unseren Freunden die Hand. Wir grüßen sie.

(b) *Ergänze:*

(1) Das Kind ist in tief– Schlaf.
(2) Schwarz– Kaffee schmeckt besser als weiß– Kaffee.
(3) Klein– aufgeregt– Kinder sollen früh ins Bett gehen.
(4) Froh– Sinn– gehen sie vom Wirtshaus nach Hause.
(5) Er will Wiener Schnitzel mit warm– Bratkartoffel–.
(6) Die Autos viel– Besucher stehen auf dem Parkplatz.
(7) In tief– kalt– Wasser soll man nicht schwimmen.
(8) Alt– deutsch– Städte haben oft eng– Straßen.
(9) Er ißt gebraten– Huhn mit schön– gemischt– Salat.
(10) Im Sommer haben wir manchmal warm– Wetter.
(11) Man gibt fleißig– Kinde– mehr als faul– Kinde–.
(12) Dick– Frauen essen Brot mit klar– Suppe.
(13) Im Ruhrgebiet gibt es schmutzig– Fabriken.
(14) Eine Frau mittler– Alter– soll schlank bleiben.
(15) Der Münsterschatz ist voll kostbar– Sachen.

(c) *Beantworte:*

(1) Um wieviel Uhr ißt du zu Hause?
(2) Wie oft ißt du in einem Restaurant?
(3) Wie schmeckt das Essen in der Schule?
(4) Wer bringt das Essen in einem Restaurant?
(5) Was muß man tun, um schlank zu bleiben?
(6) Was wünscht der Kellner den Gästen vor dem Essen?
(7) Was muß man nachher tun?
(8) Wie finden Herr und Frau Müller das gebratene Huhn?
(9) Was läßt man für den Kellner?
(10) Wie geht man nach einem guten Abend nach Hause?

# XXVI DIE TAGUNG

Am anderen Tag muß Onkel Burkhard sich beeilen, um zeitig zur Tagung zu kommen. Es handelt sich um einen jährlichen Ingenieurkongreß, denn Burkhard ist Ingenieur von Beruf. Viele Ingenieure finden sich jedes Jahr auf dieser Tagung zusammen.

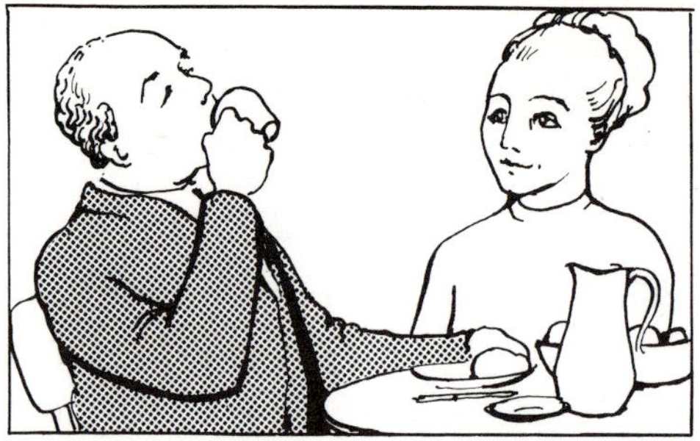

Burkhard setzt sich an den Tisch und ißt eilig sein Frühstück. „Warum beeilst du dich so?" fragt seine Schwester. „Wir sollen uns um halb zehn treffen, und ich fürchte mich davor, zu spät zu kommen," sagt Burkhard. „Du sollst dich nicht ängstigen. Du schaffst es bestimmt."

Herr Müller fährt seinen Schwager schnell durch den Verkehr. Die Kongreßhalle befindet sich am anderen Ende der Stadt. Autos kommen aus allen Richtungen auf den riesigen Parkplatz, und die Ingenieure begrüßen einander: „Na, wie geht's?"

Alle freuen sich, sich wieder einmal zu treffen. Sie setzen sich um die großen Tische der Kongreßhalle und plaudern. „Wir sehen uns zum ersten Mal seit einem Jahr; wie geht's denn eigentlich? Fühlen Sie sich wohl in Kiel?"

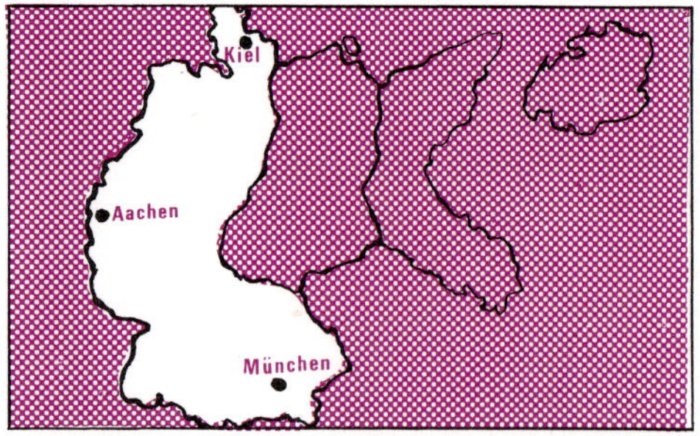


„Leider geht es nicht so gut. Unsere Fabrik wird heute sehr groß, und ich muß mehr und mehr in alle Teile Deutschlands reisen. Ich werde rasend! Nächste Woche fahre ich nach München und die übernächste nach Aachen. Kein Leben, nicht wahr?"

„Ja, genau wie bei uns: wir werden alle mehr und mehr beschäftigt, wir haben keine Zeit, einfach zu plaudern und zu denken; aber wir machen ja eine Menge Geld, und damit kann man etwas machen! Heute ist es besser als gestern!"

---

der Beruf
der Ingenieur
der Kongreß
der Schwager

das Frühstück
das Leben

sich ängstigen
sich beeilen
sich befinden
sich begrüßen
sich freuen
sich fühlen
sich fürchten

sich handeln
plaudern
reisen
schaffen
sich setzen
werden

beschäftigt
eilig
einander
genau
gestern
rasend
riesig

übernächst
wahr
zeitig
zusammen

| | |
|---|---|
| | **WERDEN** |
| **ich setze mich auf den Stuhl** | **ich werde rasend** |
| **du beeilst dich zur Tagung zu kommen** | **du wirst klug** |
| **er fürchtet sich vor dem Lehrer** | **er wird aufgeregt** |
| **sie fühlt sich heute sehr wohl** | **sie wird hübsch** |
| **es handelt sich um einen Unfall** | **es wird berühmt** |
| **wir begrüßen uns jeden Tag** | **wir werden alt** |
| **ihr freut euch auf die Reise** | **ihr werdet müde** |
| **Sie ängstigen sich zu sehr** | **Sie werden schmutzig** |
| **sie befinden sich um die Ecke** | **sie werden krank** |

**ich habe keine Zeit, mit ihm zu sprechen**
**er freut sich, nach Hause zu kommen**

(a) *Ergänze:*

(1) Wir (sich sehen) jeden Tag.
(2) Du (sich freuen) darauf.
(3) Es (sich handeln) um ein großes Problem.
(4) Er (sich fürchten) davor.
(5) Ich (sich beeilen), in die Schule zu gehen.
(6) Sie (sich setzen) in einen Sessel.
(7) Helga und Inge (sich begrüßen).
(8) Mutti (sich ängstigen).
(9) Die Touristen (sich treffen) am Bahnhof.
(10) Ihr (sich fühlen) vielleicht müde.
(11) Warum (sich fürchten) du, mein Kind?
(12) Das Postamt (sich befinden) an der Ecke.

(b) *Ergänze mit ‚werden‘:*

(1) Die Straße – naß.
(2) Das Leben – teuer.
(3) – du müde?
(4) Wir – zornig.
(5) Ihr – faul.
(6) Ich – heute vierzehn Jahre alt.
(7) Sie – sehr groß.
(8) Das Mädchen – sehr hübsch.

(c) *Ergänze mit ‚ich‘, ‚du‘, ‚er‘, ‚sie‘, ‚wir‘, ‚ihr‘, ‚Sie‘, ‚sie‘:*

Jeden Tag (sich beeilen), um zeitig ins Büro zu kommen, und (sich fürchten), denn (wollen) nicht Verspätung haben. Um halb neun (sich setzen) an den Tisch im Büro. Oft (sich handeln) um große Probleme, und (sich ängstigen) sehr. Am Ende des Tages (sich fühlen) sehr müde, und (sich freuen), wieder nach Hause zu kommen.

(d) *Beantworte:*

(1) Wie fühlst du dich heute?
(2) Liest du gern Bücher?
(3) Was ist dein Vater von Beruf?
(4) Was willst du werden?
(5) Mußt du dich oft beeilen, um zeitig zur Schule zu kommen?
(6) Freust du dich am Ende des Tages, nach Hause zu gehen?
(7) Ängstigst du dich oft?
(8) Was macht ein Ingenieur?
(9) Wo befindet sich dein Haus?
(10) Wie begrüßt man sich in Deutschland?

## XXVII EIN SPAZIERGANG

Am nächsten Tag hat Onkel Burkhard den Nachmittag frei, und er fragt die Kinder: „Wollen wir einen Spaziergang machen?" „Wohin gehen wir denn?" „Laß uns zum Wald gehen," antworten die Kinder, „Das machen wir oft in den Ferien. Und wir müssen ein bißchen zu essen und zu trinken haben, wenn möglich—Schokolade und Wurst und eine Flasche Bier für Onkel Burkhard." „Ja, das geht," sagt Frau Müller, „Nun, Kinder, macht euch fertig und beeilt euch. Peter, wasch dich, und Helga, sei still und sprich nicht so viel. Und vergeßt die Tasche nicht!" „Hier, gib mir die Tasche!" sagt Peter. „So, nimm die Tasche mit dem Essen, seid brav, verirrt euch nicht im Walde und kommt nicht zu spät nach Hause!"

Anderthalb Stunden später schlendern sie alle drei durch den Wald. Die Sonne ist warm, und sie werden bald sehr müde. „Das Leben auf dem Lande muß sehr schön sein, nicht wahr?" sagt Helga. „Viele Leute kommen zu diesem Wald, aber heute ist es sehr ruhig hier." „Ja, das mag sehr wahr sein," antwortet ihr Onkel, „Aber ich habe großen Hunger and Durst, und mein Kopf tut mir weh. Setzt euch, Kinder. Hier ist das Essen, bedient euch selbst und eßt!" Sie beginnen zu essen, aber plötzlich kommt ein kleiner Hund und nimmt die Wurst aus Peters Hand. Burkhard versucht, den Hund zu fangen, aber dafür ist er viel zu dick. Peter muß seine Schokolade ohne Wurst essen! Plötzlich sieht Burkhard auf seine Uhr. „Mensch, es ist schon halb sieben. Wir müssen uns beeilen, nicht wahr? Kommt, Kinder, lauft!" Sie nehmen einen Bus bis zur Stadtmitte, und dann nehmen sie ein Taxi. „Fahren Sie uns bitte zum Brosweg 21," sagt Burkhard. „Und seien Sie so gut und beeilen Sie sich!" In einer halben Stunde sind sie zu Hause. Zum Glück ist das Abendessen noch nicht fertig. „Ach, Ende gut, alles gut," sagt Burkhard. „Ja," antwortet Peter, „Alles hat ein Ende, nur die Wurst hat zwei."

---

der Durst
der Hund
der Hunger
der Kopf
der Mensch
der Nachmittag
der Spaziergang

die Ferien
die Flasche
die Leute
die Schokolade
die Sonne
die Wurst

das Bier
das Taxi

sich bedienen
fangen
schlendern
vergessen
sich verirren
versuchen
sich waschen

möglich
ruhig
still

anderthalb
besonders
ein bißchen
wenn
wohin

| | | |
|---|---|---|
| **du gehst in die Schule** | **: geh in die Schule!** | |
| **du kommst mit mir** | **: komm mit mir!** | |
| **du nimmst die Tasche** | **: nimm die Tasche!** | |
| **du sprichst mit ihm** | **: sprich mit ihm!** | |
| **du wäschst dich jeden Tag** | **: wasch dich jeden Tag!** | |
| **du zeichnest ihn** | **: zeichne ihn!** | |
| **du bedienst dich selbst** | **: bediene dich selbst!** | |
| **du bist ruhig** | **: sei ruhig!** | |
| **ihr geht in die Schule** | **: geht in die Schule!** | |
| **ihr sprecht mit ihm** | **: sprecht mit ihm!** | |
| **ihr wascht euch jeden Tag** | **: wascht euch jeden Tag!** | |
| **ihr seid ruhig** | **: seid ruhig!** | |
| **Sie gehen in die Schule** | **: gehen Sie in die Schule!** | |
| **Sie sprechen mit ihm** | **: Sprechen Sie mit ihm!** | |
| **Sie waschen sich jeden Tag** | **: waschen Sie sich jeden Tag!** | |
| **Sie sind ruhig** | **: seien Sie ruhig!** | |

**VERGESSEN**

**ich vergesse mein Buch**
**du vergißt dein Heft**
**er vergißt seine Mappe**
**wir vergessen unsere Arbeit**
**ihr vergeßt eure Aufgabe**
**Sie vergessen Ihre Freunde**
**sie vergessen ihr Geschenk**

**FANGEN**

**ich fange einen Hund**
**du fängst einen Bischof**
**er fängt einen Polizisten**
**wir fangen einen Kellner**
**ihr fangt ein Huhn**
**Sie fangen eine Wurst**
**sie fangen einen Touristen**

(a) *Ergänze:*

(1) Der Vater sagt zum Kind: „(sprechen) nicht so viel und (sein) ruhig!"

(2) Der Herr sagt zur Verkäuferin: „(geben) mir diese Platte und (spielen) sie für mich!"

(3) Der Bischof sagt zu seinen Nichten: „(sich verirren) nicht und (vergessen) eure Geschenke nicht!"

(4) Der Tourist sagt: „(sein) brav und (sich beeilen)!"

(5) Der Kellner sagt zu seinem Bruder: „Hier ist das Essen. (sich bedienen) und (sich beeilen)!"

(6) Die Lehrerin sagt zur Klasse: „(arbeiten) schwer und (schreiben) eure Aufgaben!"

(7) Die Frau sagt zum Gast: „(gehen) ins Bett und (schlafen) wohl!"

(8) Der Lehrer sagt zum Schüler: „(nehmen) dieses Buch und (lesen) es schnell!"

(9) Die Mutter sagt zu den Kindern: „(sein) brav und (sich waschen)!"

(10) Die Frau sagt zum Mädchen: „(sehen), hier ist dein Mantel, (vergessen) ihn nicht!"

(11) Die Oma sagt zu den Jungen: „(bringen) mir die Speisekarte und (lesen) daraus!"

(12) Der Bischof sagt zum Besucher: „(fahren) in die Stadt und (besuchen) das Münster!"

(b) *Beschreibe einen Spaziergang:*

(1) Wohin gehst du?
(2) An welchem Tag und in welchem Monat gehst du?
(3) Gehst du mit einem Freund/einer Freundin oder nicht?
(4) Wie ist das Wetter?
(5) Wie lange dauert die Fahrt?
(6) Wie fährst du?
(7) Was ißt und trinkst du unterwegs?
(8) Verirrst du dich unterwegs?
(9) Wann kommst du nach Hause?
(10) Was machst du dann zu Hause?

# XXVIII DIE EINLADUNG

Der Ingenieurkongreß dauert nur drei Tage, und dann muß Onkel Burkhard wieder nach Hause fahren. „Darf ich bis Freitag bei euch bleiben?“ fragt er seine Schwester. „Aber selbstverständlich!“ antwortet Frau Müller, „Und wann werden wir dich wiedersehen?“ „Ihr sollt alle zu uns nach Berlin kommen—wir werden euch einen schönen Aufenthalt bereiten; wann habt ihr Ferien?“ antwortet Onkel Burkhard. „Ach, das wird wunderbar sein: vielen Dank für die Einladung!“ sagt Frau Müller. „Es wird uns ein wahres Vergnügen sein, einige Tage in Berlin zu verbringen. Du wirst es mit deiner Frau verabreden?“ „Es ist schon im voraus verabredet!“ erwidert Burkhard. Herr Müller ist sehr froh über diese Einladung. „Ich werde euch alle in ein Café am Kurfürstendamm nehmen!“ sagt er. „Ich kenne es seit fünfzehn Jahren, und der Inhaber ist ein Freund von mir. Er wird uns außerordentlich gut bewirten.“ „Was werden wir in Berlin machen?“ fragen die Kinder. „Natürlich werdet ihr den Zoo besuchen,“ sagt ihr Vater, „und vielleicht wird eure Tante mit euch einen Ausflug auf der Spree machen.“ „Das wird sie bestimmt nicht tun!“ sagt Burkhard. „Leider verträgt Gisela das Bootfahren gar nicht. Ich aber werde das mit euch machen: mir gefällt es außerordentlich, auf der Spree zu rudern.“ „Werden wir etwa am Ende dieses Monats zu dir kommen?“ fragen die Kinder. „Die Ferien beginnen am dreißigsten—ist das nicht richtig, Vati?“ „Meine lieben Kinder sind ungeduldig!“ lacht Herr Müller, „und sie werden dich sobald wie möglich stören, bloß um den Berliner Zoo zu sehen.“ „Ach, es wird ja keine Störung sein, mein Lieber,“ sagt Burkhard, „sondern eine große Freude. Wir werden viel Spaß haben, und ich verspreche euch ein unvergeßliches Erlebnis.“

---

der Aufenthalt
der Inhaber
der Spaß
der Zoo

die Einladung
die Freude
die Störung

das Bootfahren
das Erlebnis
das Vergnügen

bereiten
bewirten
erwidern
gefallen
rudern
stören

tun
verabreden
verbringen
versprechen
vertragen

außerordentlich
bloß
etwa
richtig
selbstverständlich
ungeduldig

unvergeßlich
verabredet
wunderbar

**ich werde morgen in die Schule GEHEN**
**du wirst morgen zu Hause BLEIBEN**
**er wird morgen nach Hause KOMMEN**
**wir werden nächstes Jahr nach Deutschland FAHREN**
**ihr werdet nächstes Jahr sehr alt SEIN**
**Sie werden nächstes Jahr viel Deutsch LERNEN**
**sie werden nächstes Jahr kein Deutsch mehr WISSEN**

**Es gefällt mir, ins Theater zu gehen**
**Gefällt es dir, so einen Ausflug zu machen?**
**Es gefällt uns, zusammen zu arbeiten**
**Gefällt es Ihnen, auf der Spree zu rudern?**

(a) *Beispiel:* Heute fahre ich nach Hamburg.
Morgen werde ich nach Hamburg fahren.

(1) Heute verbringen wir zwei Stunden im Park.
(2) Die Kinder haben heute viel Spaß.
(3) Verirrst du dich heute im Wald?
(4) Heute macht der Polizist einen Spaziergang.
(5) Fürchtet ihr euch heute davor?
(6) Die Touristen bedienen sich heute im Laden.
(7) Heute spreche ich nicht mit ihm.
(8) Läufst du heute nach Hause?
(9) Heute eßt ihr zu viel.
(10) Warum waschen Sie sich heute so schnell?

(b) *Wiederhole die folgenden Sätze so:* „Um sechs Uhr werde ich nach Hause gehen, . . .“

Um sechs Uhr gehe ich nach Hause, und sofort wasche ich mich. Das Essen steht auf dem Tisch, und ich setze mich in die Küche und bediene mich selbst. Natürlich fühle ich mich sehr müde, und ich schlafe einige Minuten. Nach dem Essen besuche ich meine Freunde, und sie erwarten mich. „Was tut ihr morgen?“ frage ich. „Wir fahren nach München, um die Eislaufmeisterschaft zu sehen“ erwidern sie. „Was machst du?“ „Ach, das interessiert mich nicht. Ich bleibe zu Hause. Auf jeden Fall verirre ich mich in München, und die Reise dauert zu lange. Es ist gar nicht schön, eine lange Reise an einem warmen Tag zu machen. Ich fürchte mich davor, krank zu sein. Das macht keinen Spaß.“

(c) *Beantworte:*

(1) An welchem Tag beginnen die Ferien?
(2) An welchem Tag sind deine Ferien zu Ende?
(3) Wie lange dauern die Ferien?
(4) Was wirst du in den Ferien machen?
(5) Was wirst du heute nach der Schule machen?

(d) Du bekommst eine Einladung von einem Freund / einer Freundin, einige Tage in einer großen Stadt zu verbringen. Was wirst du machen? Welche Ausflüge wirst du machen? Erzähle von deinen Plänen.

# XXIX DER ZEITUNGSSTAND

Nach einem langen ermüdenden Tag macht sich Herr Müller auf den Weg nach Hause. Er hat nichts Wichtiges zu tun, und er beschließt, einige neue Wochenblätter zu probieren, denn er ist ein tüchtiger Leser von Zeitungen und Zeitschriften.

In der Nähe von seinem Büro befindet sich ein Zeitungsstand. „Haben Sie etwas Interessantes heute?" fragt er den Verkäufer. „Sie haben so viele verschiedene Blätter. Können Sie mir vielleicht etwas Gutes empfehlen?"

„Ich habe nichts Neues," erwidert der kleine, alte Mann. „Ich habe alle deutschen Zeitungen, und zwar *Die Welt*, *Frankfurter Allgemeine*, *Bild-Zeitung*. Sie können selbst wählen, nicht wahr?" „Ja, freilich" antwortet Herr Müller.

„Die Tageszeitungen brauche ich nicht. Jetzt nehme ich *Die Zeit*. Darauf kann man sich gut verlassen: viel Besseres gibt es nicht. Und den *Spiegel* nehme ich auch. Darin liest man alles Neue, und ich interessiere mich für Politik."

„Wie heißt diese bunte Illustrierte? *Stern*. Den nehme ich nicht. Was kosten diese? Eine Mark fünfzig für *Die Zeit* und auch für den *Spiegel*; das macht drei Mark. Ich habe kein Kleingeld. Können Sie zufällig einen Zehnmarkschein wechseln?"

Der Verkäufer gibt Herrn Müller die folgenden Münzen: ein 5-Mark-Stück, ein 1-Mark-Stück, ein 50-Pfennig-Stück, vier 10-Pfennig-Stücke und zwei 5-Pfennig-Stücke. „Danke schön" sagt Herr Müller. „Bitte schön!" sagt der Mann.

---

der Leser
der Pfennig
der Schein
der Verkäufer
der Weg
der Zeitungsstand

die Illustrierte
die Münze
die Nähe
die Politik
die Zeitschrift

das Blatt

beschließen
empfehlen
kosten
probieren
sich verlassen
wählen
wechseln

bunt
ermüdend
folgend
täglich
tüchtig
verschieden
wichtig
wöchentlich

freilich
zufällig
zwar

**Ich habe viel Wichtiges zu tun**
**Er sagt viel Liebes von ihm**
**Herr Müller hat nichts Wichtiges zu tun**
**Der Verkäufer sagt: „Ich habe nichts Neues"**
**Er will etwas Interessantes lesen**
**Der Kellner empfiehlt etwas Gutes**
**Im *Spiegel* liest man alles Neue**
**Er wünscht seinem Freund alles Gute**

**Zu Hause hat er alle deutschen Zeitungen**
**Alle dicken Männer sind nicht faul**
**Sie hat viele verschiedene Bücher**
**Viele deutsche Städte haben ein Theater**
**Einige moderne Dramen sind sehr kurz**
**Sie will einige neue Wochenblätter kaufen**

**EMPFEHLEN**

**ich empfehle *Die Zeit***
**du empfiehlst *Die Weltwoche***
**er empfiehlt das Wiener Schnitzel**
**wir empfehlen *Die Welt***
**ihr empfehlt *Die Bunte Illustrierte***
**Sie empfehlen *Die Frankfurter Allgemeine***
**sie empfehlen die Wurst**

(a) *Ergänze mit ‚viel', ‚alles', ‚etwas', ‚nichts', ‚wichtig', ‚gut', ‚neu', ‚interessant', ‚klein', ‚besser', ‚billig':*

(1) Ich habe – – zu tun.
(2) Hast du – – zu lesen?
(3) In dieser Zeitschrift liest man – –.
(4) Haben Sie – – zu essen?
(5) Er wünscht dem Herrn – –.
(6) In diesem Laden kauft man – –.
(7) Das ist nicht gut. Hast du – –?
(8) Von dieser Frau hört man – –.
(9) – – als das bekommt man nicht.

(b) *Bilde Sätze:*

| | | | | |
|---|---|---|---|---|
| Er | liest | viele | deutsch | Freunde |
| | besucht | | gut | Zeitungen |
| | hat | alle | alt | Bücher |
| | kennt | | interessant | Städte |
| | kauft | einige | verschieden | Leute |

(c) *Ergänze:*

(1) In seinem Garten sind viel– schön– Blumen.
(2) Der Arzt untersucht all– krank– Patientinnen.
(3) Einig– deutsch– Touristen besuchen die Kirche.
(4) Viel– arm– Leute haben keine Wohnung.
(5) All– eng– Straßen sind gefährlich.
(6) Der Herr will etwas Warm– trinken.
(7) Ich weiß nichts Bestimmt– darüber.
(8) Ich habe nicht viel Gut– zu erwarten.

(d) *Beantworte:*

(1) Welche Zeitung liest du?
(2) Wählst du oder dein Vater die Zeitung?
(3) Bist du ein tüchtiger Leser von Illustrierten?
(4) Was kostet deine Zeitung?
(5) Was liest du in der Zeitung?
(6) Wie heißen die wichtigen deutschen Zeitungen?
(7) Wie oft kaufst du eine Zeitschrift?
(8) Du kaufst einige Sachen. Sie kosten eine Mark fünfzig. Du gibst dem Verkäufer einen Zehnmarkschein. Welche Münzen bekommst du von ihm?

# XXX VOR DEM FERNSEHER

Die Familie Müller hat schon seit einigen Wochen einen neuen Fernsehapparat. Jeden Tag kehren die Kinder von der Schule nach Hause zurück, und sie freuen sich auf einen gemütlichen Abend vor dem Fernseher. Manchmal sehen sie den ganzen Abend fern. Sie hören das Radio nicht mehr und spielen fast nie ihre Schallplatten. „Nun, was werden wir heute fernsehen?" fragen sie. „Wo ist die *Hör zu*?" (In der Zeitschrift *Hör zu* kann man alle Radio- und Fernsehprogramme lesen.) „Um halb neun gibt es einen Film im ersten Programm" liest Helga. „Ein Krimi?" fragt Peter. „Ja, der erste Teil einer neuen englischen Serie von Francis Durbridge. Aber im zweiten Programm ist die europäische Eislaufmeisterschaft. Sie findet in Garmisch statt, weißt du. Das wird schön sein, nicht wahr?" „Ach, Tanzen interessiert mich nicht so sehr!" sagt Peter, „Das ist keine gute Unterhaltung für mich." In diesem Augenblick geht die Tür auf, und ihr Vater kommt ins Zimmer. Er macht die Tür wieder zu, zieht seinen Mantel aus und hört dem Gespräch seiner Kinder zu. „Ich will die Tagesschau sehen" sagt er. Die Kinder stöhnen, denn sie finden die Tagesschau immer so langweilig. „Während der Tagesschau könnt ihr eure Aufgaben machen. Los!" Herr Müller schaltet den Fernseher an, und die Kinder hören die Stimme des Ansagers: „Guten Abend, meine Damen und Herren. Hier ist das Deutsche Fernsehen mit der Tagesschau. Anschließend sehen Sie aus Frankfurt die Wetterkarte . . ." Später am Abend sitzt die Familie Müller immer noch vor dem Apparat. Es gibt kein richtiges Unterhaltungsprogramm für Frau Müller; Helga will die Eislaufmeisterschaft und Peter den neuen Krimi ansehen. Sie müssen immer vom ersten zum zweiten Programm umschalten. Herr Müller stöhnt: „In diesem Haus brauchen wir vier Fernseher." Er steht schnell auf, schaltet ab, lehnt sich in seinen Sessel zurück und schläft fest ein.

---

der Ansager
der Fernseher
der Krimi(nal)film

die Dame
die Eislaufmeisterschaft
die Serie
die Tagesschau
die Unterhaltung

das Fernsehen
das Programm
das Radio

anschließend
englisch
europäisch
gemütlich
langweilig

abschalten
anschalten
ansehen
aufgehen
aufstehen

ausziehen
einschlafen
fernsehen
stattfinden
umschalten

zuhören
zumachen
zurückkehren
sich zurücklehnen

**Ich STEHE jeden Tag früh AUF.**
**Jetzt SIEHST du dir die Tagesschau AN.**
**Er ZIEHT seinen Mantel AUS.**
**Das Kind HÖRT ganz ruhig ZU.**

**Ich werde jeden Tag früh AUFSTEHEN.**
**Jetzt wirst du dir die Tagesschau ANSEHEN.**
**Er wird seinen Mantel AUSZIEHEN.**
**Das Kind wird ganz ruhig ZUHÖREN.**

**Heute abend SEHEN wir FERN.**
**Wie SCHLAFT ihr so schnell EIN?**
**Wann KEHREN Sie nach Hause ZURÜCK?**
**Tagungen FINDEN in den Hallen STATT.**

**Heute abend wollen wir FERNSEHEN.**
**Wie könnt ihr so schnell EINSCHLAFEN?**
**Wann müssen Sie nach Hause ZURÜCKKEHREN?**
**Tagungen sollen in den Hallen STATTFINDEN.**

(a) Was tun die Leute in den folgenden Bildern?

(1) 

(2) 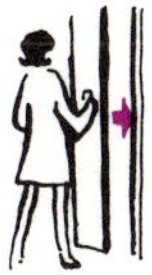

(3) 

(4) 

(5) 

(6) 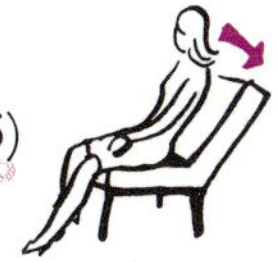

(7) 

(8) 

(b) *Ergänze:*

Eines Tages (aufstehen) der Bischof sehr früh. Heute (stattfinden) eine Tagung in Berlin. Diese Tagung ist sehr langweilig, und der Bischof (sich zurücklehnen) in seinen Sessel, (einschlafen) und (zuhören) nicht. Am Ende des Tages (zurückkehren) er nach Hause. Seine Frau erwartet ihn, und die Tür (aufgehen) sofort. Er (ausziehen) seinen Mantel, (zumachen) die Tür wieder und sagt: „Heute werde ich den ganzen Abend (fernsehen).“ Seine Frau (anschalten) den Fernseher. „Willst du bitte (umschalten), dann kann ich die Tagesschau (ansehen)?“ Seine Frau (umschalten) vom ersten zum zweiten Programm. „Danke!“ sagt der Bischof, „Das ist viel besser. Fernsehen ist besser als Tagungen!“

(c) *Beantworte:*

(1) Wann kehrst du von der Schule nach Hause zurück?
(2) Wann stehst du morgens auf?
(3) Um wieviel Uhr gehen die Türen der Schule auf?
(4) Wo finden die Schulstunden statt?
(5) In welcher deutschen Zeitschrift findet man alle Radioprogramme?
(6) In welcher englischen Zeitschrift kann man sie lesen?
(7) Wie oft darfst du zu Hause fernsehen?
(8) Welche Programme siehst du besonders gern?
(9) Welche Programme findest du langweilig?
(10) Hat deine Schule einen Fernsehapparat?

## XXXI DIE MEHRZAHL

Findest du es schwierig, die Mehrzahl auf deutsch zu bilden? Versuche also, die Wörter in Gruppen zusammenzufassen, wie zum Beispiel:

(1) Meine *Onkel* sind *Einwohner* von Berlin: sie sitzen in *Sesseln* auf dem *Rasen* und essen viele *Kuchen* mit ihren *Löffeln*; viele *Schüler* und *Lehrer* kommen als *Besucher* und bitten die *Kellner*, ihre *Koffer* in die *Wagen* zu stellen.

(2) Die *Väter* und *Mütter* kaufen neue *Mäntel* in den *Läden*, aber meine *Brüder* spielen mit ihren *Töchtern* in den *Gärten*.

(3) Alle *Jahre* kaufen wir neue *Bleistifte*, *Hefte* und *Lineale*, und dann legen wir diese in unsere *Pulte* oder auf unsere *Tische* und werfen böse *Blicke* auf die *Hunde* draußen.

(4) Die *Söhne* der *Ärzte* jener *Städte* machen *Ausflüge* auf den *Flüssen*, aber die *Bischöfe* sitzen in ihren *Stühlen* und blicken auf die *Wände* ihrer *Thronsäle*.

(5) Die *Kinder* auf diesen *Bildern* tragen *Schilder*, *Schwerter* und *Kleider*.

(6) In den *Wäldern* jener *Länder* sitzen die *Männer* auf den *Dächern* der *Häuser* und zählen die *Blätter* der *Bücher*.

(7) Die *Blumen* an den *Straßenecken* gefallen den *Nichten* meiner *Schwestern*: sie pflücken sie alle drei *Wochen* und stecken sie in ihre *Taschen* und *Mappen*.

(8) Die *Touristen* machen *Besichtigungen* der *Fabriken*, dann gehen die *Frauen* durch die *Türen* in die *Buchhandlungen* und sehen die *Ausstellungen*.

(9) Die *Nachbarinnen* und die *Freundinnen* bringen die *Patientinnen* nach Hause; die *Lehrerinnen* nehmen ihre *Schülerinnen* zu den *Verkäuferinnen*.

(10) Die *Opas* und die *Muttis* fahren mit den *Autos* aus den *Büros* in die *Hotels* und lassen die *Babys* zu Hause.

---

| | | | | | |
|---|---|---|---|---|---|
| der Thronsaal | die Buchhandlung | das Bild | bilden | böse | auf deutsch |
| | die Gruppe | das Hotel | bitten | schwierig | |
| | die Mehrzahl | das Lineal | legen | | |
| | die Nachbarin | das Wort | pflücken | | |
| | | | werfen | | |
| | | | zusammenfassen | | |

**Er steht auf. Er schaltet den Fernseher an.**
**Er steht auf, um den Fernseher anzuschalten.**

**Sie geht ins Schlafzimmer. Sie zieht ihren Mantel aus.**
**Sie geht ins Schlafzimmer, um ihren Mantel auszuziehen.**

**Ich habe keine Zeit. Ich kehre nicht nach Hause zurück.**
**Ich habe keine Zeit, nach Hause zurückzukehren.**

**Die Kinder freuen sich. Sie sehen den Krimi an.**
**Die Kinder freuen sich, den Krimi anzusehen.**

(a) *Setze in den Plural:*

(1) Das Fernsehprogramm in diesem Monat handelt sich nur um den Ingenieurkongreß.
(2) Mein Hund macht einen Spaziergang an einem Sommersonntag.
(3) Der Zug aus dieser Richtung hat immer Verspätung.
(4) Ihr Gast ißt gern Wurst mit klarer Suppe.
(5) Diese Dame verletzt immer ihren Knöchel mit diesem Messer.
(6) Die Rechnung dieses Verkäufers ist nicht richtig.
(7) Dieser Mann findet Unterhaltung in dieser Zeitschrift.
(8) Eine Einladung, eine Flasche Wein zu trinken, macht mir große Freude.
(9) Wegen der Störung gebe ich dem Kind eine silberne Münze.
(10) Mein Plan ist, einen guten Beruf für meinen Neffen zu wählen.

(b) *Setze in den Singular:*

(1) Die Adressen meiner Freunde sind in diesen Ringbüchern.
(2) Große Apfelsinen gefallen unseren Freundinnen und auch unseren Müttern.
(3) Unsere Onkel finden die Ausflüge in den Wintermonaten nicht angenehm.
(4) Diese Arzneien sind zu kräftig für die Omas und die Opas.
(5) Deutsche Bahnhöfe haben oft Unterführungen, um die Bahnsteige zu erreichen.
(6) Meine Tanten empfehlen die Bäder in den Hotels.
(7) Ihre Brüder fahren mit den Bussen zu den Theatern.
(8) Die Decken in den Thronsälen sind ebenso schön wie in den Domen.
(9) Die schönsten Erlebnisse unserer Aufenthalte in Deutschland sind in den Cafés.
(10) Die Familien kommen nur bei den großen Feiern in diesen Häusern zusammen.

(c) *Mit oder ohne ,um'?*

(1) Du kommst ins Haus, (um?) mit mir zu sprechen.
(2) Ich habe keine Zeit, (um?) dahin zu gehen.
(3) Er freut sich, (um?) mich zu sehen.
(4) Sie arbeiten fleißig, (um?) schnell fertig zu sein.
(5) Es gefällt mir, (um?) dort zu essen.
(6) Wir bleiben hier, (um?) unseren Onkel zu treffen.
(7) Ich versuche, (um?) etwas zu finden.
(8) Sie fährt nach Hause, (um?) ihre Eltern zu sehen.

# XXXII WIEDERHOLUNG III

Wir werden nun noch einmal von den verschiedenen Monaten sprechen: was tun wir etwa im Januar? In europäischen Ländern feiert man Neujahr, die Hotels bewirten viele Gäste, und manchmal gibt man uns ein riesiges Essen. Prima! Der Februar ist langweilig, besonders die ermüdenden Abende vor dem Fernsehen (die Leute hören dem Radio nicht mehr zu); man schaltet ohne Freude den Fernsehapparat an, bloß um eine ruhige Viertelstunde zu verbringen—außer der englischen Serie sind die wöchentlichen Programme außerordentlich uninteressant, und der Ansager der Tagesschau macht uns rasend. Im März freuen wir uns nach dem langen Winter auf den grünen Frühling. Zu Ostern haben wir Ferien: wir haben viel Spaß, aber natürlich ist das bald zu Ende, und im April sind wir wieder in der Schule beschäftigt. Der Mai ist wunderbar, mit klarer Sonne: Pfingsten feiern wir im Restaurant, mit Suppe, Wiener Schnitzel mit gemischtem Salat und Bratkartoffeln (oder gebratenes Huhn mit Salat) und viel Bier. Der Kellner bedient uns aufmerksam —es handelt sich ja um ein tüchtiges Trinkgeld—und holt uns ein Taxi. Im Juni ängstigen wir uns ein bißchen wegen der Schularbeit, und zwar gehen wir in eine Buchhandlung, um Lineale, Schreibpapier usw. zu suchen. Wir legen uns mit Flasche, Messer, Gabel, Wurst, Brot (und großem Hunger und Durst) auf den Rasen, um zu essen und zu arbeiten, und schlafen ein! Anderthalb Stunden später stehen wir auf und zählen die Blätter, aber lesen sie nicht. Arbeit stört an Sommernachmittagen, nicht wahr? Im Juli gefällt es uns, auf dem See zu rudern, und wir sehen die bunten Kleider der Damen an. Eine schlanke Frau mittleren Alters lehnt sich im Boot zurück und grüßt ihre Nachbarinnen—das Ganze macht ein gemütliches Bild. Im August haben wir die richtigen Ferien: wir versuchen, täglich zu schwimmen, und schlendern so oft wie möglich im Park. Im September fallen die Blätter von den Bäumen, und mit dem Herbst beginnt ein neues Schuljahr. Viele Menschen wählen eine neue Zeitschrift am Zeitungsstand, und bitten den Verkäufer, etwas Anderes zu empfehlen. Im Oktober finden viele wichtige Kongresse statt, und Gruppen von Ingenieuren oder Politikern verlassen eines Tages ihre Familien nach dem Frühstück und beeilen sich —sie kommen aus allen Richtungen zu den verschiedenen Kongressen. Im November vertragen wir böses Wetter, denn wir warten ungeduldig auf Weihnachten. In der Nähe des Berliner Zoos bereitet man eine bunte Ausstellung vor, und für die Inhaber der Cafés kostet die Störung eine Menge Geld, aber sie werden froh sein, denn viele Besucher der Ausstellung werden ihre Schokolade und ihr Bier probieren. Jeden Dienstag zum Beispiel werden Hunderte von Besuchern Schlange stehen, bis die Türen des Cafés aufgehen, und jeden Donnerstag werden ganze Familien zusammen zum Zoo und zum Ku-Damm Spaziergänge machen. Endlich kommt der Silvesterabend und anschließend das Neujahr wieder—immer ein unvergeßliches Erlebnis, denn wir haben viele Einladungen für diesen Abend. Wir wünschen euch soviel Vergnügen im nächsten Jahr wie möglich, und freuen uns auf unser nächstes Buch.

(a) *Ergänze:*

(1) Welche Illustrierte (lesen) du?
(2) Was (empfehlen) du als ersten Gang?
(3) Ich (essen) immer ein Eis am Sonntag.
(4) Mein Schwager (vergessen) seine Armbanduhr.
(5) Wir (fernsehen) jeden Mittwoch.
(6) Deine Mutti (werden) sehr dick.
(7) Helga (fangen) den Hund in der Unterführung.
(8) (Essen) du gern Schokolade?
(9) (Werden) Sie das Programm umschalten?
(10) Frau Müller (lesen) die Speisekarte.

(b) *Beantworte:*

(1) Am Wievielten Dezember ist Silvester?
(2) Um wieviel Uhr abends schaltet man den Fernseher ab?
(3) Wann gehst du ins Bett?
(4) Wann hat dein Vater Geburtstag?
(5) Für welche Münzen kann man einen 10 Mark Schein wechseln?
(6) Dieser Zug hat eine halbe Stunde Verspätung; ist die planmäßige Abfahrt möglich?
(7) Muß man sich wegen schlechten Wetters ängstigen?
(8) Wann beginnen deine Ferien?
(9) Um wieviel Uhr kehrst du von der Schule nach Hause zurück?
(10) An welchen Tagen hast du Deutschstunden?

(c) *Beispiel:* die Hand + der Ball = der Handball.

| | | | | | |
|---|---|---|---|---|---|
| (1) | die Zeit | + | das Wort | = | ? |
| (2) | die Stunde | + | der Plan | = | ? |
| (3) | der Abend | + | das Essen | = | ? |
| (4) | der Sommer | + | die Ferien | = | ? |
| (5) | das Auto | + | die Bahn | = | ? |
| (6) | der Abend | + | das Blatt | = | ? |
| (7) | der Schaden | + | die Freude | = | ? |
| (8) | das Wort | + | der Schatz | = | ? |

(d) *Ergänze:*

(1) Die Freunde (sich begrüßen) jeden Morgen.
(2) Die Ausstellungshalle (sich befinden) am Ende der Straße.
(3) Ich (sich fühlen) sehr wohl heute.
(4) Das Baby (sich fürchten) vor dem Lautsprecher.
(5) Ich (sich setzen) auf den Stuhl.
(6) Du (sich waschen) nicht oft genug.
(7) Wir (sich verirren) auf dem Wege.
(8) Sie (sich beeilen), um zeitig an Ihren Kongreß zu kommen.
(9) Ihr (sich verletzen) immer mit diesem Messer.
(10) Wir (sich treffen) am Bahnhof wieder.

(e) *Beispiel:* ich esse gern einen Apfel;
es gefällt mir, einen Apfel zu essen.

(1) Er liest gern diese Zeitung.
(2) Wir pflücken gern diese Blumen.
(3) Wir reisen gern nach Amerika.
(4) Plaudern Sie gern mit meinen Freunden?
(5) Ich werfe gern mein Buch gegen diese Wand.

(f) *Wähle ein Wort aus den folgenden, um den Satz zu ergänzen:* alles; etwas; nichts; um;

(1) Können Sie mir bitte – Gutes empfehlen?
(2) Ich wechsle einen Schein, – die Rechnung zu bezahlen.
(3) Freitags gibt es leider – Besseres als diese Zeitung.
(4) Wir werden für Sie – Mögliche machen.
(5) Er macht die Tür zu, – Ruhe zu haben.

(g) *Ergänze:*

(1) Du (aufstehen) um halb acht.
(2) Er (ausziehen) seinen Mantel.
(3) Die Eltern haben keine Zeit, (fernsehen).
(4) Helga (sich zurücklehnen) in ihrem Sessel.
(5) Wir (anschalten) das Radio.
(6) Er versucht, dem Radio (zuhören).
(7) Der Kongreß (stattfinden) jedes Jahr in Duisburg.
(8) Peter (abschalten) das Fernsehen, um zu arbeiten.
(9) Vati (einschlafen) um sieben Uhr in seinem Sessel.
(10) Die Kinder (zurückkehren) nach Hause.

(j) *Ergänze:*

(1) Die Mutter sagt zum Jungen: „Du bist schmutzig, (sich waschen) und (nehmen) die Hände aus der Tasche. Auch machst du zu viel Lärm. (sprechen) nicht so viel und (sein) still. (geben) mir die Flasche und das Obst und dann kannst du gehen. Du hast nicht viel Zeit, also (sich beeilen). (gehen) schnell und (kommen) nicht spät nach Hause. (vergessen) deinen Mantel nicht und (sich verirren) nicht in der Stadt."
(2) Wiederhole so: Die Mutter sagt zu den Jungen: „Ihr seid schmutzig . . .
(3) Wiederhole so: Der Polizist sagt zum Studenten: „Sie sind schmutzig . . .

(h) *Bilde Sätze:*

| | | |
|---|---|---|
| | schwarz | Kaffee |
| Er trinkt | kalt | Wasser |
| Wir essen | warm | Bier |
| Ich esse Wiener Schnitzel mit | kühl | Salat |
| Wie schmeckt/schmecken | grün | Bratkartoffeln |
| | gemischt | Gemüse |

(i) *Beispiel:* Der Vater fragt sein Kind: „Willst du mir das Buch geben?"
Der Vater sagt zum Kind: „Gib mir das Buch!"

(1) Der Lehrer fragt die Schüler: „Wollt ihr die Aufgabe schreiben und schwer arbeiten?"
(2) Der Verkäufer fragt den Herrn: „Wollen Sie sich selbst bedienen und eine Zeitung wählen?"
(3) Die Mutter fragt ihren Sohn: „Willst du dich beeilen und dich schnell waschen?"
(4) Das Mädchen fragt das Kind: „Willst du ruhig sein und nicht so laut sprechen?"
(5) Der Onkel sagt zu seinen Neffen: „Wollt ihr euch setzen und die Schokolade essen?"

## *THE ARTICLE*

1. *THE DEFINITE ARTICLE* ("*the*")

| | *Singular* | | | *Plural* |
|---|---|---|---|---|
| | *Masc.* | *Fem.* | *Neut.* | *All Genders* |
| *Nom.* | der | die | das | die |
| *Acc.* | den | die | das | die |
| *Gen.* | des | der | des | der |
| *Dat.* | dem | der | dem | den |

2. *When the definite article is used with certain prepositions contraction takes place:*

| | | | |
|---|---|---|---|
| zum | = | zu dem | Die Frau geht ZUM Theater. |
| zur | = | zu der | Der Mann fährt ZUR Arbeit. |
| vom | = | von dem | VOM Bahnhof geht sie in die Stadt. |
| am | = | an dem | Sie steht AM Kennedyplatz. |
| im | = | in dem | Die Besucher stehen IM Münster. |
| ins | = | in das | Die Besucher gehen INS Münster. |

3. *THE INDEFINITE ARTICLE* ("*a*", "*an*", "*one*")

| | *Singular* | | | *Plural* |
|---|---|---|---|---|
| | *Masc.* | *Fem.* | *Neut.* | |
| *Nom.* | ein | eine | ein | |
| *Acc.* | einen | eine | ein | None |
| *Gen.* | eines | einer | eines | |
| *Dat.* | einem | einer | einem | |

## *NOUNS*

4. *German nouns must be written with a capital letter.*

5. *DECLENSION OF NOUNS*

*Singular*

| | *Masc.* | | *Fem.* | | *Neut.* | |
|---|---|---|---|---|---|---|
| *Nom.* | der Wald | der Garten | die Frau | die Wand | das Kind | das Büro |
| *Acc.* | den Wald | den Garten | die Frau | die Wand | das Kind | das Büro |
| *Gen.* | des WaldES | des GartenS | der Frau | der Wand | des KindES | des BüroS |
| *Dat.* | dem Wald(E) | dem Garten | der Frau | der Wand | dem Kind(E) | dem Büro |

*Plural*

| | | | | | | |
|---|---|---|---|---|---|---|
| *Nom.* | die Wälder | die Gärten | die Frauen | die Wände | die Kinder | die Büros |
| *Acc.* | die Wälder | die Gärten | die Frauen | die Wände | die Kinder | die Büros |
| *Gen.* | der Wälder | der Gärten | der Frauen | der Wände | der Kinder | der Büros |
| *Dat.* | den WälderN | den Gärten | den Frauen | den WändeN | den KinderN | den Büros |

(a) *Masculine and Neuter nouns of one syllable, and masculine and neuter compound nouns where the second part of the compound has one syllable, more commonly form the genitive singular in "es", although the ending "s" is possible except when such nouns end in "s", "ß", "z", "tz",* e.g. des HausES, des FlussES, des KreuzES, des PlatzES.

(b) *The dative ending "e" in Masculine and Neuter monosyllabic nouns may be omitted,* e.g. dem Wald, dem Kind.

6. *COMPOUND NOUNS*

*The gender of a compound noun is always the gender of the last noun in the compound:*

| | | | | |
|---|---|---|---|---|
| die Feier | + | der Tag | = | DER Feiertag |
| das Bett | + | die Decke | = | DIE Bettdecke |
| die Schule | + | das Zimmer | = | DAS Schulzimmer |

7. *FORMATION OF NOUN PLURALS*

(1) (-) *No change in the plural. Masculine and Neuter nouns ending in* -el, -en, -er.
der Onkel, die Onkel; der Kuchen, die Kuchen; das Fenster, die Fenster.

(2) (¨) *Addition of an* ***Umlaut*** *to the singular form. Masculine and Feminine nouns.*
der Vater, die Väter; der Mantel, die Mäntel; die Mutter, die Mütter; die Tochter, die Töchter.

(3) (¨e) *Addition of an* ***Umlaut*** *and final "e" to singular form. Masculine and Feminine nouns.*
der Arzt, die Ärzte; der Sohn, die Söhne; die Wand, die Wände; die Hand, die Hände.

(4) (-e) *Addition of final "e" to singular form. Masculine and Neuter nouns.*
der Tisch, die Tische; der Blick, die Blicke; das Jahr, die Jahre; das Bein, die Beine.

(5) (-er) *Addition of final "er" to singular form. Neuter nouns.*
das Kind, die Kinder; das Bild, die Bilder.

(6) (¨er) *Addition of* ***Umlaut*** *and final "er" to singular form. Masculine and Neuter nouns.*
der Mann, die Männer; der Wald, die Wälder; das Buch, die Bücher; das Dach, die Dächer.

(7) (-n) *or* (-en) *Addition of final* "en" *or* "n" *when the noun ends in* "e". *A very large number of Feminine Nouns and a few Neuter and Masculine nouns.* die Frau, die Frauen; die Blume, die Blumen; das Bett, die Betten; der See, die Seen.

(8) (-nen) *Addition of final* "nen" *to singular form. Feminine nouns.* die Patientin, die Patientinnen; die Schülerin, die Schülerinnen.

(9) (-s) *Addition of final* "s" *to singular form. Mainly Neuter foreign loan words but also Masculine and Feminine nouns.* das Hotel, die Hotels; das Büro, die Büros; die Mutti, die Muttis; der Opa, die Opas. *N.B.—the dative plural of this group ends in* "s", *e.g.* in den Hotels, in den Büros.

8. *WEAK NOUNS*

*Weak nouns are those* **masculine** *nouns which have the ending* "n" *or* "en" *in the Acc., Gen. and Dat. singular and the ending* "n" *or* "en" *in all cases of the plural:*

| | *Singular* | | *Plural* | |
|---|---|---|---|---|
| *Nom.* | der Mensch | der Junge | die MenschEN | die JungeN |
| *Acc.* | den MenschEN | den JungeN | die MenschEN | die JungeN |
| *Gen.* | des MenschEN | des JungeN | der MenschEN | der JungeN |
| *Dat.* | dem MenschEN | dem JungeN | den MenschEN | den JungeN |

*Other weak nouns:*—der Herr, der Student, der Tourist, der Neffe, der Polizist.

## *ADJECTIVES*

9. *Adjectives which stand after the noun do not decline:*

*e.g.* Der Garten ist schön—Die Gärten sind schön
Die Kurve ist gefährlich—Die Kurven sind gefährlich
Das Problem ist schwer—Die Probleme sind schwer.

10. *Adjectives following the definite articles* "der", "die", "das" *are declined as follows:*

*Singular*

| | *Masc.* | *Fem.* | *Neut.* |
|---|---|---|---|
| *Nom.* | der alte, dicke Mann | die große, neue Schule | das kleine, blaue Buch |
| *Acc.* | den alten, dicken Mann | die große, neue Schule | das kleine, blaue Buch |
| *Gen.* | des alten, dicken Mannes | der großen, neuen Schule | des kleinen, blauen Buches |
| *Dat.* | dem alten, dicken Mann(e) | der großen, neuen Schule | dem kleinen, blauen Buch(e) |

*Plural*

| | | | |
|---|---|---|---|
| *Nom.* | die alten, dicken Männer | die großen, neuen Schulen | die kleinen, blauen Bücher |
| *Acc.* | die alten, dicken Männer | die großen, neuen Schulen | die kleinen, blauen Bücher |
| *Gen.* | der alten, dicken Männer | der großen, neuen Schulen | der kleinen, blauen Bücher |
| *Dat.* | den alten, dicken Männern | den großen, neuen Schulen | den kleinen, blauen Büchern |

11. *Adjectives following* "dieser" ("*this*"), "jener" ("*that*"), "welcher?" ("*which?*") and "jeder" ("*every*", "*each*") *decline in the same way:*

*Singular*

| | *Masc.* | *Fem.* | *Neut.* |
|---|---|---|---|
| *Nom.* | dieser kluge, berühmte Arzt | jene junge, blonde Tochter | welches schwarze, schnelle Auto? |
| *Acc.* | diesen klugen, berühmten Arzt | jene junge, blonde Tochter | welches schwarze, schnelle Auto? |
| *Gen.* | dieses klugen, berühmten Arztes | jener jungen, blonden Tochter | welches schwarzen, schnellen Autos? |
| *Dat.* | diesem klugen, berühmten Arzt | jener jungen, blonden Tochter | welchem schwarzen, schnellen Auto? |

*Plural*

| | | | |
|---|---|---|---|
| *Nom.* | diese klugen, berühmten Ärzte | jene jungen, blonden Töchter | welche schwarzen, schnellen Autos? |
| *Acc.* | diese klugen, berühmten Ärzte | jene jungen, blonden Töchter | welche schwarzen, schnellen Autos? |
| *Gen.* | dieser klugen, berühmten Ärzte | jener jungen, blonden Töchter | welcher schwarzen, schnellen Autos? |
| *Dat.* | diesen klugen, berühmten Ärzten | jenen jungen, blonden Töchtern | welchen schwarzen, schnellen Autos? |

12. *Adjectives following the indefinite articles* "ein", "eine", "ein" *are declined as follows:*

*Singular*

| | *Masc.* | *Fem.* | *Neut.* |
|---|---|---|---|
| *Nom.* | ein kranker, fauler Onkel | eine lange, breite Straße | ein hübsches, nettes Mädchen |
| *Acc.* | einen kranken, faulen Onkel | eine lange, breite Straße | ein hübsches, nettes Mädchen |
| *Gen.* | eines kranken, faulen Onkels | einer langen, breiten Straße | eines hübschen, netten Mädchens |
| *Dat.* | einem kranken, faulen Onkel | einer langen, breiten Straße | einem hübschen, netten Mädchen |

*Plural—see* 14 *below*

13. *Adjectives following the Possessive Adjectives* "mein" ("*my*"), "dein" ("*your*"), "sein" ("*his*", "*its*"), "ihr" ("*her*", "*their*"), "unser" ("*our*"), "euer" ("*your*"), "Ihr" ("*your*") *and* "kein" ("*no*", "*not a*") *decline like those following* "ein", "eine", "ein" ***in the singular*** *and like those following* "der", "die", "das" ***in the plural:***

*Singular*

| | *Masc.* | *Fem.* | *Neut.* |
|---|---|---|---|
| *Nom.* | mein lieber, armer Freund | ihre moderne, saubere Stadt | unser leeres, warmes Zimmer |
| *Acc.* | meinen lieben, armen Freund | ihre moderne, saubere Stadt | unser leeres, warmes Zimmer |
| *Gen.* | meines lieben, armen Freundes | ihrer modernen, sauberen Stadt | unseres leeren, warmen Zimmers |
| *Dat.* | meine lieben, armen Freund(e) | ihrer modernen, sauberen Stadt | unserem leeren, warmen Zimmer |

| | | | |
|---|---|---|---|
| *Nom.* | meine lieben, armen Freunde | ihre modernen, sauberen Städte | unsere leeren, warmen Zimmer |
| *Acc.* | meine lieben, armen Freunde | ihre modernen, sauberen Städte | unsere leeren, warmen Zimmer |
| *Gen.* | meiner lieben, armen Freunde | ihrer modernen, sauberen Städte | unserer leeren, warmen Zimmer |
| *Dat.* | meinen lieben, armen Freunden | ihren modernen, sauberen Städten | unseren leeren, warmen Zimmern |

14. *Adjectives which stand alone in front of a noun decline as follows:*

*Singular*

| | *Masc.* | *Fem.* | *Neut.* |
|---|---|---|---|
| *Nom.* | schwarzer, heißer Kaffee | klare, warme Suppe | kaltes, tiefes Wasser |
| *Acc.* | schwarzen, heißen Kaffee | klare, warme Suppe | kaltes, tiefes Wasser |
| *Gen.* | schwarzen, heißen Kaffees | klarer, warmer Suppe | kalten, tiefen Wassers |
| *Dat.* | schwarzem, heißem Kaffee | klarer, warmer Suppe | kaltem, tiefem Wasser |

*Plural*

| | | | |
|---|---|---|---|
| *Nom.* | schöne, blaue Mäntel, Blumen, Kleider | *Gen.* | schöner, blauer Mäntel, Blumen, Kleider |
| *Acc.* | schöne, blaue Mäntel, Blumen, Kleider | *Dat.* | schönen, blauen Mänteln, Blumen, Kleidern |

15. *Take particular note of the following adjectival forms:* strong endings for viele (wenige) + adjective (in genitive adject. sometimes -en)

viele verschiedenE, deutschE Zeitungen    einige billigE, interessantE Zeitungen    alle neuEN, englischEN Zeitungen

alles GutE    etwas InteressantES    nichts NeuES    viel BesserES

*Adjectives formed from names of towns are invariable:* den Essener Wald, eines Berliner Bahnhofs.

## *PERSONAL PRONOUNS and POSSESSIVE ADJECTIVES*

16. *Singular*

| | *First Person* | | *Second Person* | | *Third Person (Masculine and Neuter)* | | *Third Person (Feminine)* | |
|---|---|---|---|---|---|---|---|---|
| | *Personal Pronoun* | *Possessive Adjective* | *Personal Pronoun* | *Possessive Adjective* | *Personal Pronoun* | *Possessive Adjective* | *Personal Pronoun* | *Possessive Adjective* |
| *Nom.* | ich | mein | du | dein | er, es | sein | sie | ihr |
| *Acc.* | mich | | dich | | ihn, es | | sie | |
| *Dat.* | mir | | dir | | ihm, ihm | | ihr | |

*Plural*

| | *First Person* | | *Second Person* | | *Third Person* | |
|---|---|---|---|---|---|---|
| | *Personal Pronoun* | *Possessive Adjective* | *Personal Pronoun* | *Possessive Adjective* | *Personal Pronoun* | *Possessive Adjective* |
| *Nom.* | wir | unser | ihr/Sie | euer/Ihr | sie | ihr |
| *Acc.* | uns | | euch/Sie | | sie | |
| *Dat.* | uns | | euch/Ihnen | | ihnen | |

(a) *When you are addressing members of your family, close friends, young children and animals the second person* "du" ("*you*") *form should be used* ***for the singular,*** *the* "ihr" ("*you*") *form* ***for the plural.*** *In all other cases the* "Sie" ("*you*") *form is used. Always write* "Sie", *meaning* "*you*" *with a capital letter, also* "Ihr" *and* "Ihnen" *when they mean* "*your*" *and* "*(to) you*".

(b) *The personal pronoun in the third person singular and plural must correspond to the noun to which it refers:*
*e.g.* **der** Wald ist grün—**er** ist grün; **die** Wälder sind grün—**sie** sind grün
**die** Kirche ist alt—**sie** ist alt; **die** Kirchen sind alt—**sie** sind alt
**das** Drama ist lang—**es** ist lang; **die** Dramen sind lang—**sie** sind lang.

(c) *After prepositions which govern the Accusative and the Dative (see below)* ihn, es, sie *and* ihm, ihr *and* ihnen *are used when* **persons** *are referred to. When* **things** *are referred to the compound* da+ *preposition must be used:*
*e.g.* er geht mit seiner Schwester in die Stadt—er geht **mit ihr** in die Stadt
er fährt mit dem Fahrrad in die Stadt—er fährt **damit** in die Stadt.

(d) *For the declension of Possessive Adjectives see 13 above.*

(e) *The Possessive Adjective agrees in number and gender with the noun it qualifies. It must also correspond to its appropriate personal pronoun (see table above):*
*e.g.* der Bischof—er—seine (*his*) Tochter
der Dom—er—sein (*its*) Dach
die Tante—sie—ihr (*her*) Sohn
die Stadt—sie—ihre (*its*) Straße
das Haus—es—seine (*its*) Küche
das Zimmer—es—sein (*its*) Boden
die Schüler—sie—ihre (*their*) Schule
die Hunde—sie—ihr (*their*) Herr.

## *PREPOSITIONS*

*Reference is made only to those prepositions which appear in this book*

17. *The following prepositions* **always** *govern the Accusative:*
durch, für, gegen, ohne, um.

18. *The following prepositions* **always** *govern the Dative:*
aus, bei, mit, nach, seit, von, zu, gegenüber.

19. *The following prepositions govern either the Accusative or the Dative:*
an, auf, hinter, in, neben, über, unter, vor, zwischen.

*When motion is expressed they govern the Accusative:*
*e.g.* Ich gehe **an die** Tür. Ich stelle das Buch **auf den** Tisch. Der Hund läuft **hinter einen** Baum. Ich fahre **in die** Stadt. Er stellt das Fahrrad **neben die** Tür. Wir schlendern **über die** Straße. etc.

*When no motion is involved they govern the Dative:*
*e.g.* Ich stehe **an der** Tür. Das Buch liegt **auf dem** Tisch. der Hund sitzt **hinter einem** Baum. Ich arbeite **in der** Stadt. Das Fahrrad steht **neben der** Tür. Wir wohnen **über dem** Laden.

20. *The following prepositions govern the genitive:*
statt, trotz, während, wegen.

## NUMERALS

21. *CARDINAL NUMERALS* (1, 2, 3, 4, 5, etc.)

(a) 1–19 eins, zwei, drei, vier, fünf, sechs, sieben, acht, neun, zehn, elf, zwölf, dreizehn, vierzehn, fünfzehn, sechzehn, siebzehn, achtzehn, neunzehn.

(b) 20–99 zwanzig, einundzwanzig (21), zweiundzwanzig (22), dreißig, dreiunddreißig (33), vierzig, vierundvierzig (44), fünfzig, fünfundfünfzig (55), sechzig, sechsundsechzig (66), siebzig, siebenundsiebzig (77), achtzig, achtundachtzig (88), neunzig, neunundneunzig (99).

(c) 100–1000 hundert, hunderteins, hundertsechsundfünfzig (156), zweihundert, zweihundertachtundneunzig (298), dreihundert, vierhundert, fünfhundert, sechshundert, siebenhundert, achthundert, neunhundert, neunhundertneunundneunzig (999), tausend.

22. *ORDINAL NUMERALS* (1st, 2nd, 3rd, 5th, 10th, etc.)

(a) 1–3 der, die, das erste, der, die, das zweite, der, die, das dritte.

(b) 4–19 *Add* "te" *to the cardinal number unless it ends in –t:*
der, die, das vierTE, der, die, das fünfTE, sechsTE, sieb(en)TE, neunTE, etc., *but note* achtE.

(c) 20–1000 *Add* "ste" *to the cardinal number:*
der, die das zwanzigSTE, einundzwanzigSTE, zweiundzwanzigSTE, dreißigSTE, vierzigSTE, hundertSTE, hundertsechsundfünfzigSTE, zweihundertSTE, neunhundertneunundneunzigSTE, tausendSTE.

(d) *Remember:* der, die, das hunderterste (101st), hundertzweite (102nd), hundertdritte (103rd), zweihunderterste (201st), zweihundertzweite (202nd), etc.

## VERBS

23. *PRESENT TENSE*

**machen**

| | |
|---|---|
| ich mache | wir machen |
| du machst | ihr macht |
| er } sie } macht es } | Sie machen |
| | sie machen |

24. *PRESENT TENSE OF REFLEXIVE VERBS*

**sich beeilen**

| | |
|---|---|
| ich beeile mich | wir beeilen uns |
| du beeilst dich | ihr beeilt euch |
| er } sie } beeilt sich es } | Sie beeilen sich |
| | sie beeilen sich |

25. *PRESENT TENSE OF* "sein" *AND* "haben"

**sein**

| | |
|---|---|
| ich bin | wir sind |
| du bist | ihr seid |
| er } sie } ist es } | Sie sind |
| | sie sind |

**haben**

| | |
|---|---|
| ich habe | wir haben |
| du hast | ihr habt |
| er } sie } hat es } | Sie haben |
| | sie haben |

26. *The following is a list of verbs used in this book which do not follow the pattern of* "machen" *in 23 above:*

| *Infinitive* | *1st Person Singular* (ich) | *2nd Person Singular* (du) | *3rd Person Singular* (er) | *1st Person Plural* (wir) |
|---|---|---|---|---|
| backen | backe | bäckst | bäckt | backen |
| dürfen | darf | darfst | darf | dürfen |
| empfehlen | empfehle | empfiehlst | empfiehlt | empfehlen |
| essen | esse | ißt | ißt | essen |
| fahren | fahre | fährst | fährt | fahren |
| fallen | falle | fällst | fällt | fallen |
| fangen | fange | fängst | fängt | fangen |
| geben | gebe | gibst | gibt | geben |
| gefallen | gefalle | gefällst | gefällt | gefallen |
| können | kann | kannst | kann | können |
| lassen | lasse | läßt | läßt | lassen |
| laufen | laufe | läufst | läuft | laufen |
| lesen | lese | liest | liest | lesen |
| mögen | mag | magst | mag | mögen |
| müssen | muß | mußt | muß | müssen |
| nehmen | nehme | nimmst | nimmt | nehmen |
| schlafen | schlafe | schläfst | schläft | schlafen |
| sehen | sehe | siehst | sieht | sehen |
| sollen | soll | sollst | soll | sollen |
| sprechen | spreche | sprichst | spricht | sprechen |
| tragen | trage | trägst | trägt | tragen |
| treffen | treffe | triffst | trifft | treffen |
| vergessen | vergesse | vergißt | vergißt | vergessen |
| verlassen | verlasse | verläßt | verläßt | verlassen |
| versprechen | verspreche | versprichst | verspricht | versprechen |
| vertragen | vertrage | verträgst | verträgt | vertragen |
| waschen | wasche | wäschst | wäscht | waschen |
| werden | werde | wirst | wird | werden |
| werfen | werfe | wirfst | wirft | werfen |
| wissen | weiß | weißt | weiß | wissen |
| wollen | will | willst | will | wollen |

27. *FORMATION OF THE FUTURE TENSE*

*The Future Tense is formed with the verb* "werden" *followed by the infinitive:*

*e.g.* Ich **werde** meinen Freund **besuchen**
Er **wird** nach Berlin **fahren**
Wir **werden** uns schnell **waschen**

*N.B.—In this construction the infinitive always stands at the end of the principal clause.*

28. *FORMATION OF THE IMPERATIVE*

(1) *The* "du" *form imperative is formed from the 2nd Person Singular of the Present Tense:*

*e.g.* du kommst—komm!
du nimmst—nimm!
du beeilst dich—beeil dich!

*But* du bist—sei!

*Those verbs whose infinitive ends in* -ern, -eln, -nen *form their* "du" *form imperative as follows:*

du zeichnest—zeichne!
du zitterst nicht—zittere nicht!
du bedienst dich—bediene dich!

(2) *The* "ihr" *form imperative is formed from the 2nd Person Plural of the Present Tense:*

*e.g.* ihr macht—macht!
ihr kauft—kauft!
ihr wascht euch—wascht euch!

(3) *The* "Sie" *form of the imperative is identical with the 2nd Person Plural of the Present Tense:*

*e.g.* Sie schreiben—schreiben Sie!
Sie arbeiten—arbeiten Sie!
Sie setzen sich—setzen Sie sich!

*But* Sie sind—seien Sie!

*Remember always to write* "Sie", *meaning* "you", *with a capital letter.*

29. *SEPARABLE VERBS*

*The separable prefix must stand at the end of the principal clause:*

*Verb:* **auf**gehen—Die Tür **geht** plötzlich **auf**
**zu**machen—Er **macht** die Tür **zu**
**stattfinden**—Die Tagung **findet** in Hamburg **statt**

*When these verbs are used in their infinitive forms, i.e. after* "werden" *to form the Future Tense, and after* "können", "wollen", "müssen", "sollen", "dürfen" *and* "mögen" *the prefix remains attached to its verb:*

*e.g.* Jeden Tag **muß** ich sehr früh **aufstehen**
Er **wird** spät nach Hause **zurückkehren.**

## *WORD ORDER*

30. *The verb must be the second* **element** *in the clause.* ***This does not mean that it must necessarily be the second word:***

*e.g.* Er geht jetzt nach Hause—Jetzt geht er nach Hause.
Er geht jeden Tag nach Hause—Jeden Tag geht er nach Hause.
Er geht nach einem ermüdenden Tag nach Hause—Nach einem ermüdenden Tag geht er nach Hause.

31. *Where several adverbial expressions occur in a clause those indicating time (when?) will precede those indicating manner (how?) and those indicating place (where?) stand last:*

*e.g.* *when?* *how?* *where?*

Der Mann fährt jeden Tag mit dem Bus in die Stadt

*when?* *how?* *where?*

Der Zug fährt um halb zwei sehr langsam nach Hamburg.

32. *The verb in its infinitive form must stand at the end of the clause in the following cases:*
   (a) *After Modal Verbs* (können, wollen, müssen, sollen, dürfen, mögen)
   *e.g.* Er will seinen Freund besuchen und dann ins Theater gehen.
   (b) *After* "werden" *in the Future Tense*
   *e.g.* Die Touristen werden den Dom besuchen und eine Besichtigung machen.

## *SUMMARY OF CASE USAGE*

33. *The* ***Nominative*** *Case is used:*
   (a) *For the* ***Subject*** *of a clause*

   Der Mann ist krank
   Die Frau ist schlank
   Das Kind ist faul

   (b) *For the* ***Complement*** *of a clause:*
   (*i.e. after* "sein" *and* "werden")

   Der Mann ist ein Polizist
   Die Frau ist eine Mutter
   Das Kind ist ein Schüler

34. *The* ***Accusative*** *Case is used:*
   (a) *For the* ***Direct Object*** *of a clause*

   Ich sehe den Mann
   Ich sehe die Frau
   Ich sehe das Kind

   (b) *After prepositions which govern the Accusative*

35. *The* ***Genitive*** *Case is used:*
   (a) *To indicate possession*

   Das Buch des Mannes
   Das Buch der Frau
   Das Buch des Kindes

   (b) *After prepositions which govern the Genitive*

36. *The* ***Dative*** *Case is used:*
   (a) *For the Indirect Object of a clause*

   Sie zeigt dem Mann das Buch
   Sie zeigt der Frau das Buch
   Sie zeigt dem Kind das Buch

   (b) *After prepositions which govern the Dative*

# VOCABULARY

The figure after each word denotes the lesson in which it first appeared.

der Abend (-e) 8 *evening*
aber 1 *but*
die Abfahrt (-en) 24 *departure*
abschalten 30 *to switch off*
die Achtung 24 *attention*
die Adresse (-n) 12 *address*
alles 7 *everything*
als 13 *than, as*
also 7 *so, then*
alt 9 *old*
das Alter 25 *age*
an 15 *at, on, to*
das Andenken (-) 15 *souvenir*
ander 23 *other*
anders 14 *otherwise*
anderthalb 27 *one and a half*
angenehm 16 *pleasant*
die Angst (¨-e) 20 *anxiety, worry*
sich ängstigen 26 *to worry*
der Ansager (-) 30 *announcer*
anschalten 30 *to switch on*
anschließend 30 *next, afterwards*
ansehen 30 *to look at*
die Ansichtskarte (-n) 15 *picture postcard*
die Anstrengung (-en) 20 *effort, exertion*
antworten 4 *to answer*
der Apfelsaft (¨-e) 19 *apple juice*
die Apfelsine (-n) 7 *orange*
der Apparat (-e) 18 *appliance, phone, set*
der Appetit 25 *appetite*
der April 23 *April*
die Arbeit (-en) 4 *work*
arbeiten 4 *to work*
die Architektur 14 *architecture*
arm 21 *poor*
der Arm (-e) 21 *arm*
die Armbanduhr (-en) 24 *wrist-watch*
die Arznei (-en) 21 *medicine*
der Arzt (¨-e) 21 *doctor*
auch 3 *too, also*
auf 15 *on, in, at*
auf deutsch 31 *in German*
der Aufenthalt (-e) 28 *stay*
die Aufführung (-en) 18 *performance*
aufgehen 30 *to open*
aufgeregt 10 *excited(ly)*
aufmerksam 24 *attentive(ly)*
aufstehen 30 *to get up*
der Auftritt (-e) 19 *scene*
auf Wiederhören! 18 *goodbye (phone)*
auf Wiedersehen! 7 *goodbye*
der Augenblick (-e) 21 *moment*
der August 23 *August*
aus 10 *out of, from*
der Ausflug (¨-e) 15 *excursion*
die Ausstellung (-en) 14 *exhibition*
außer 24 *except*
außerordentlich 28 *exceptionally*
ausziehen 30 *to take off*
das Auto (-s) 1 *car*

das Baby (-s) 1 *baby*
backen 8 *to bake*
das Bad (¨-er) 5 *bath*
baden 14 *to bathe*
das Badezimmer (-) 5 *bathroom*
der Bahnhof (¨-e) 10 *railway station*
der Bahnsteig (-e) 24 *platform*
bald 8 *soon*
bauen 16 *to build*
der Baum (¨-e) 17 *tree*
beantworten 1 *to answer*
das Becken (-) 5 *basin*
sich bedienen 27 *to help oneself*
sich beeilen 26 *to hurry*
sich befinden 26 *to be situated*
beginnen 19 *to begin*
sich begrüßen 26 *to greet each other*
bei 10 *at, by, near*
beide 3 *both*
das Bein (-e) 20 *leg*
das Beispiel (-e) 1 *example*
bekannt 14 *(well) known*
bekommen 9 *to get, receive*
benutzen 17 *to use*
bequem 8 *comfortable*
bereiten 28 *to prepare*
der Beruf (-e) 26 *profession*
berühmt 13 *famous*
beschädigt 21 *damaged*
beschäftigt 26 *busy*
beschließen 29 *to decide*
beschreiben 3 *to describe*
besichtigen 17 *to view*
die Besichtigung (-en) 16 *tour, visit*
besonders 27 *especially*
besser 21 *better*
bestimmt 20 *certainly*
der Besuch (-e) 9 *visit*
besuchen 12 *to visit*
der Besucher (-) 14 *visitor*
betrunken 20 *drunk*
das Bett (-en) 3 *bed*
bewirten 28 *to entertain*
bezahlen 17 *to pay*
das Bier (-e) 27 *beer*
das Bild (-er) 31 *picture*
bilden 31 *to form*
billig 19 *cheap*
die Birne (-n) 7 *pear*
bis 12 *until, as far as*
der Bischof (¨-e) 13 *bishop*
das Bißchen, ein bißchen 27 *a little*
bitte! 7 *please*
bitten 31 *to request*
das Blatt (¨-er) 29 *leaf, newspaper*
blau 1 *blue*
bleiben 17 *to stay*
bleich 21 *pale*
der Bleistift (-e) 3 *pencil*
der Blick (-e) 20 *look, glance*
blicken 17 *to look*
blond 1 *blond, fair*
bloß 28 *only, merely*
die Blume (-n) 14 *flower*
der Blumenstrauß (¨-e) 10 *bunch of flowers*
der Boden (¨) 8 *floor, ground*
das Bootfahren 28 *boating*
bös, böse 31 *angry, wicked*
die Bratkartoffeln 25 *fried potatoes*
brauchen 7 *to need, use*
brav 17 *clever, good*
breit 12 *broad, wide*
bremsen 20 *to brake*
brennen 8 *to burn*
das Briefpapier 15 *writing paper*
bringen 9 *to bring*
das Brot (-e) 25 *bread*
der Bruder (¨) 1 *brother*
das Buch (¨-er) 2 *book*
die Buchhandlung (-en) 31 *book-shop*
die Bühne (-n) 19 *stage*
die Bundesrepublik *Federal German Republic*

bunt 29 *brightly coloured*
das Büro (-s) 13 *office*
der Bus (-se) 12 *bus*
die Butter 7 *butter*

das Café (-s) 15 *café*

da 7 *there, then*
dabei 12 *in doing so, therewith*
das Dach (¨-er) 16 *roof*
dadurch 12 *through it*
dahin 24 *thither*
die Dame (-n) 30 *lady*
damit 12 *with it, by this*
danke! 6 *thank you*
dann 7 *then*
daraus 12 *from it, thence*
darin 12 *in it, therein*
das 1 *that, the*
dauern 10 *to last*
davon 12 *from it, from there*
die DDR 10 (Deutsche Demokratische Republik) *German Democratic Republic (East Germany)*
die Decke (-n) 3 *ceiling*
dein 4 *your*
den 3 *the*
denken 21 *to think*
denn 10 *then, for*
der 1 *the*
der Dezember 23 *December*
dich 6 *you*
dick 2 *fat*
die 1 *the*
der Dienstag (-e) 24 *Tuesday*
dieser 18 *this*
dir 10 *to you*
doch 8 *surely, for all that*
der Dom (-e) 16 *cathedral*
der Donnerstag (-e) 24 *Thursday*
dort 6 *there*
das Drama (Dramen) 18 *drama*
draußen 15 *outside*
du 3 *you*
durch 5 *through*
dürfen 19 *to be allowed*
der Durst 27 *thirst*

eben 7 *just*
die Ecke (-n) 15 *corner*
eigentlich 14 *actually, really*
eilig 26 *hurriedly*
ein 2 *a, an*
einander 26 *each other*
eine 2 *a, an*
einen 3 *a, an*
einfach 14 *simply, simple*
der Eingang (¨-e) 15 *entrance*
die Einheit (-en) 23 *unity*
einige 15 *some*
die Einkaufsstadt (¨-e) 15 *shopping town*
die Einladung (-en) 28 *invitation*
einmal 24 *once*
einschlafen 30 *to fall asleep*
die Eintrittskarte (-n) 17 *entrance ticket*
der Einwohner (-) 13 *inhabitant*
die Eisenbahn (-en) 14 *railway*
die Eislaufmeisterschaft (-en) 30 *ice skating championship*
die Eltern 16 *parents*
empfehlen 29 *to recommend*
das Ende (-n) 19 *end*
endlich 24 *at last, finally*
eng 21 *narrow*
englisch 30 *English*
er 1 *he, it*
der Erdteil (-e) 14 *continent*
ergänzen 1 *to complete*
das Erlebnis (-se) 28 *experience*
ermüdend 29 *tiring*
erreichen 21 *to reach*
erst 24 *only, not until*
erwarten 17 *to expect, await*
erwidern 28 *to reply, return*
erzählen 16 *to tell*
es 1 *it*
es tut mir weh 20 *it hurts*
essen 25 *to eat*
das Essen (-) 25 *meal*
der Eßtisch (-e) 5 *dining table*
etwa 28 *perhaps, about*
etwas 7 *something, somewhat*
euch 8 *you, to you*
euer 8 *your*
europäisch 30 *European*

die Fabrik (-en) 13 *factory*
fahren 6 *travel, go, drive*
das Fahrrad (¨-er) 9 *bicycle*
die Fahrt (-en) 17 *journey*
der Fall (¨-e) 18 *case*
fallen 8 *to fall*
die Familie (-n) 1 *family*
fangen 27 *to catch*
fast 16 *almost, nearly*
faul 2 *lazy*
der Februar 23 *February*
fehlen 4 *to be absent, missing*
die Feier (-n) 9 *celebration, holiday*
feiern 25 *to celebrate*
das Fenster (-) 2 *window*
die Ferien 27 *holidays*
das Fernsehen 30 *television service*
fernsehen 30 *to watch television*
der Fernseher (-) 30 *television set*
der Fernsprecher (-) 18 *telephone*
die Fernsprechzelle (-n) 18 *telephone kiosk*
fertig 9 *ready, finished*
finden 13 *to find*
die Flasche (-n) 27 *bottle*
fleißig 2 *diligent(ly)*
fliegen 10 *to fly*
der Flur (¨-e) 5 *(entrance) hall*
flüstern 19 *to whisper*
der Fluß (Flüsse) 13 *river*
folgend 29 *following*
die Frage (-n) 6 *question*
fragen 6 *to ask*
die Frau (-en) 1 *woman, wife, lady*
das Fräulein (-) 9 *young lady*
frei 6 *free*
freilich 29 *to be sure, certainly*
der Freitag (-e) 24 *Friday*
die Freude (-n) 28 *joy, pleasure*
sich freuen 26 *to be delighted*
der Freund (-e) 2 *friend (male)*
die Freundin (-nen) 2 *friend (female)*
froh 25 *glad*
der Frühling 23 *spring*
das Frühstück (-e) 26 *breakfast*
sich fühlen 26 *to feel*
führen 17 *to lead*
der Füllhalter (-) 3 *fountain pen*
furchtbar 21 *frightful(ly)*
für 5 *for*
sich fürchten 26 *to be afraid*
der Fußgänger (-) 13 *pedestrian*

die Gabel (-n) 25 *fork*
der Gang (¨-e) 25 *course*
ganz 2 *quite*
gar 8 *absolutely*
die Gardine (-n) 5 *(lace) curtain*
der Garten (¨-) 14 *garden*
der Gast (¨-e) 25 *guest*
das Gebäude (-) 12 *building*
geben 9 *to give*
gebraten 25 *roast*
der Geburtstag (-e) 9 *birthday*
das Gebiet (-e) 13 *district, region*
gefährlich 12 *dangerous(ly)*
gefallen 28 *to suit, please*
gegen 6 *against*
gegenüber 10 *opposite*
gehen 5 *to go, walk*
das Geld (-er) 9 *money*
gemischt 25 *mixed*
gemütlich 30 *cosy, agreeable*
genau 26 *exactly*
genug 18 *enough, sufficient(ly)*
gerade 16 *quite, just*
gern(e) 6 *gladly, with pleasure*
das Geschenk (-e) 9 *gift, present*
die Geschichte (-n) 13 *history, story*
die Geschwindigkeitsbeschränkung (-en) 20 *speed limit*
das Gespräch (-e) 18 *conversation, talk*
gestern 26 *yesterday*
es gibt 6 *there is, there are*
glauben 16 *to believe, think*
gleich 13 *immediately, equally*
das Gleis (-e) 24 *railway track, platform*
das Glück 9 *(good) luck, fortune*
glücklich 1 *happy*

gnädige Frau 19 *Madam, my Lady*
das Gold 16 *gold*
groß 1 *big, large, tall*
großzügig 9 *generous*
grün 25 *green*
die Gruppe (-n) 31 *group*
grüßen 24 *to greet*
gut 4 *good*
guten 1 *good*
das Gymnasium (Gymnasien) 2 *grammar-school*

haben 3 *to have*
halb 24 *half*
die Halle (-n) 14 *hall*
die Hand (¨e) 8 *hand*
sich handeln (um) 26 *to be a question of*
die Handlung (-en) 19 *action*
der Haupteingang (¨e) 17 *main entrance*
die Hauptstraße (-n) 13 *main street*
das Haus (¨er) 12 *house*
das Heft (-e) 3 *exercise-book*
heftig 20 *violent(ly), heavily*
heilig 23 *holy*
heißen 13 *to be called*
der Herbst 23 *autumn*
der Herr (-en) 1 *gentleman, Mr.*
heute 4 *today*
hier 1 *here*
hinter 15 *behind*
holen 8 *to fetch*
hören 6 *to hear*
das Hotel (-s) 31 *hotel*
hübsch 2 *pretty*
der Hund (-e) 27 *dog*
der Hunger 27 *hunger*

ich 3 *I*
ihm 10 *(to) him, it*
ihn 6 *him, it*
ihnen 10 *(to) them*
Ihnen 10 *(to) you*
ihr 4 *(to) her; their*
Ihr 4 *your*
die Illustrierte (-n) 29 *illustrated paper*
immer 6 *always, still*
im voraus 18 *in advance*
in 5 *in, into*
die Industriestadt (¨e) 13 *industrial town*
der Ingenieur (-e) 26 *engineer*
der Inhaber (-) 28 *proprietor*
in Ordnung 18 *in order*
interessant 13 *interesting*
interessieren 28 *to interest*
international 17 *international*
ist 1 *is*

ja 1 *yes, of course*
das Jahr (-e) 9 *year*
jährlich 26 *annual*
der Januar 23 *January*
jawohl 7 *yes indeed, yes certainly*
jeder 18 *each, every*
jener 18 *that, yonder*
jetzt 4 *now*
der Juli 23 *July*
jung 2 *young*
der Junge (-n) 4 *boy*
der Juni 23 *June*

der Kaffee 14 *coffee*
kalt 18 *cold*
die Kanuregatta (Kanuregatten) 17 *canoe regatta*
die Kartoffel (-n) 25 *potato*
die Kasse (-n) 19 *cash-desk, booking-office*
kaufen 15 *to buy*
das Kaufhaus (¨er) 15 *department store*
kein, keine, keinen 3 *no, not a, not any*
der Kellner (-) 25 *waiter*
kennen 6 *to know*
das Kilo (-) 7 *kilogramme*
der Kilometer (-) 17 *kilometre*
das Kind (-er) 4 *child*
das Kinderbett (-en) 5 *cot*
die Kirche (-n) 12 *church*
die Kirsche (-n) 7 *cherry*
klar 25 *clear(ly)*
die Klasse (-n) 4 *class, form*
das Klassenzimmer (-) 3 *classroom*
das Kleid (-er) 19 *dress, frock*
der Kleiderschrank (¨e) 5 *wardrobe*
klein 1 *small, little*
klingeln 18 *to ring*
klug 2 *intelligent, clever*
der Knöchel (-) 23 *knuckle*
der Koffer (-) 10 *suitcase, trunk*
kommen 8 *to come*
der Kongreß (Kongresse) 26 *congress*
können 14 *to be able*
der Kopf (¨e) 27 *head*
kostbar 16 *expensive*
kosten 29 *to cost*
kräftig 19 *strong, powerful*
krank 4 *ill, sick*
das Krankenhaus (¨er) 20 *hospital*
die Krankenschwester (-n) 21 *nurse*
der Krankenwagen (-) 20 *ambulance*
die Kreide (-n) 2 *chalk*
das Kreuz (-e) 16 *cross*
der Krieg (-e) 16 *war*
der Krimi(nal film) (-e) 30 *thriller*
die Krone (-n) 16 *crown*
die Küche (-n) 5 *kitchen*
der Kuchen (-) 7 *cake*
der Kugelschreiber (-) 3 *ball-point pen*
kühl 17 *cool*
die Kurve (-n) 12 *curve, bend*
kurz 17 *short, brief*
der Kuß (Küsse) 9 *kiss*

lachen 4 *to laugh*
der Laden (¨) 7 *shop*
die Lampe (-n) 3 *lamp*
das Land (¨er) 14 *country; state*
die Landschaft (-en) 17 *countryside*
lange 10 *a long while*
langsam 12 *slow(ly)*
langweilig 30 *boring, tedious*
der Lärm 6 *noise*
lassen 17 *to leave behind*
laufen 20 *to run*
laut 8 *loud(ly)*
der Lautsprecher (-) 24 *loudspeaker*
das Leben 26 *life*
leer 13 *empty*
legen 31 *to lay, put*
der Lehrer (-) 2 *teacher (male)*
die Lehrerin (-nen) 2 *teacher (female)*
leicht 19 *easy, easily*
leider 19 *unfortunately*
lesen 24 *to read*
der Leser (-) 29 *reader*
die Leute 27 *people*
lieb 21 *dear*
liegen 13 *to lie, be situated*
das Lineal (-e) 31 *ruler*
link, links 12 *left*
die Lippe (-n) 21 *lip*
der Liter (-) 7 *litre*
der Löffel (-) 5 *spoon*
los 21 *wrong; off!*

machen 4 *to do, make*
das Mädchen (-) 4 *girl*
die Madonna (Madonnen) 16 *madonna*
der Mai 23 *May*
man 9 *one*
manchmal 23 *sometimes, often*
der Mann (¨er) 2 *man, husband*
der Mantel (¨) 19 *coat*
die Mappe (-n) 4 *schoolbag, document case*
die Mark (-) 7 *Mark*
die Marktkirche (-n) 15 *market church*
der März 23 *March*
mehr 8 *more*
die Mehrzahl 31 *plural*
mein 4 *my, mine*
die Meinung (-en) 19 *opinion*
die Menge (-n) 19 *crowd*
der Mensch (-en) 27 *man*
mich 6 *me*
die Milch 7 *milk*
die Minute (-n) 12 *minute*
mir 10 *(to) me*
mit 5 *with*
das Mittagessen (-) 5 *lunch*

die Mitte (-n) 13 *centre*
das Mittelalter 16 *Middle Ages*
mittleren Alters 25 *middle-aged*
der Mittwoch 24 *Wednesday*
modern 13 *modern*
mögen 21 *to like, be willing*
der Monat (-e) 23 *month*
möglich 27 *possible*
der Montag (-e) 24 *Monday*
der Morgen (-) 1 *morning*
morgen 21 *tomorrow*
müde 6 *tired*
der Mund (-e) 8 *mouth*
das Münster (-) 13 *minster, cathedral*
der Münsterschatz (¨-e) 16 *cathedral treasure*
die Münze (-n) 29 *coin*
müssen 16 *to be obliged to*
die Mutter (¨-) 1 *mother*
Mutti (-s) 4 *Mummy*

na! *well now!*
nach 10 *after, to*
die Nachbarin (-nen) 31 *neighbour (female)*
nach Hause 9 *home(wards)*
nachher 19 *afterwards*
der Nachmittag (-e) 27 *afternoon*
nächst 19 *next*
die Nähe 29 *neighbourhood*
naß 20 *wet*
natürlich 12 *naturally, of course*
neben 15 *beside*
der Nebenfluß (-flüsse) 13 *tributary*
der Neffe (-n) 9 *nephew*
nehmen 6 *to take*
nein 1 *no*
nett 10 *nice*
neu 2 *new*
nicht 1 *not*
die Nichte (-n) 9 *niece*
nichts 8 *nothing*
nie 18 *never*
noch 7 *besides, still, yet*
nördlich 13 *north*
der November 23 *November*
die Nummer (-n) 24 *number*
nun 24 *now, then*
nur 3 *only*

der Ober(kellner) (-) 25 *head waiter*
das Obst 7 *fruit*
oder 3 *or*
offen 12 *open*
oft 13 *often*
ohne 6 *without*
der Oktober 23 *October*
die Oma (-s) 9 *granny, grandma*
der Onkel (-) 9 *uncle*
der Opa (-s) 9 *granddad, grandpa*
die Ostern 23 *Easter*

das Paket (-e) 15 *packet, parcel*
der Park (-e) 14 *park*
der Parkplatz (¨-e) 13 *parking space*
die Patientin (-nen) 21 *female patient*
die Pause (-n) 19 *interval*
die Person (-en) 12 *person*
der Pfennig (-e) 29 *pfennig (1/100 DM)*
die Pfingsten 23 *Whitsuntide*
die Pflanze (-n) 14 *plant*
pflücken 31 *to pick, gather*
das Pfund (-e) 7 *pound (weight or sterling)*
der Plan (¨-e) 24 *plan, timetable*
planmäßig 24 *according to plan*
der Platz (¨-e) 14 *seat, square*
plaudern 26 *to chat*
plötzlich 4 *suddenly*
der Plural 18 *plural*
die Politik 29 *politics*
der Polizist (-en) 20 *policeman*
das Postamt (¨-er) 12 *post-office*
prächtig 16 *magnificent*
preiswert 7 *good value*
prima 25 *first-rate, superb*
probieren 29 *to try, sample*
das Problem (-e) 21 *problem*
das Programm (-e) 30 *programme*
das Pult (-e) 3 *desk*

das Radio (-s) 30 *radio*
der Rasen (-) 14 *lawn*
rasend 26 *frantic, mad*
rauchen 19 *to smoke*
der Rauch 13 *smoke*
die Rechnung (-en) 25 *bill, account*
recht(s) 12 *right(hand)*
der Regen 20 *rain*
regnen 20 *to rain*
die Reise (-n) 10 *journey*
reisen 26 *to travel*
das Restaurant (-s) 14 *restaurant*
richtig 28 *correct, proper*
die Richtung (-en) 24 *direction*
riesig 26 *gigantic, huge*
das Ringbuch (¨-er) 3 *file, loose-leaf book*
ringsumher 16 *around, round about*
rudern 28 *to row*
rufen 10 *to call, shout*
die Ruhe (n) 8 *peace, quietness*
ruhig 27 *peaceful(ly)*

die Sache (-n) 10 *thing*
sagen 4 *to say*
der Salat (-e) 25 *salad*
die Sammlung (-en) 16 *collection*
der Samstag (-e) 6 *Saturday*
der Satz (¨-e) 1 *sentence*
sauber 13 *clean*
der Schaden (¨-) 20 *damage*
schaffen 26 *to make, provide*
die Schallplatte (-n) 6 *gramophone record*
das Schauspiel (-e) 19 *play, drama*
der Schein (-e) 29 *banknote*
schenken 9 *to make a present of*
scheußlich 18 *horrible, frightful*
die Schiebetür (-en) 5 *sliding door*
das Schild (¨-er) 15 *label, signboard, shield*
der Schlaf 17 *sleep*
der Schlafanzug (¨-e) 10 *pyjamas*
schlafen 8 *to sleep*
das Schlafzimmer (-) 5 *bedroom*
Schlange stehen 19 *to queue*
schlank 25 *slim, slender*
schlecht 4 *bad*
schlendern 27 *to stroll*
schleudern 20 *to skid*
schlimm 21 *bad, unwell*
schmecken 25 *to taste (good)*
schmutzig 3 *dirty*
schnell 16 *quick(ly)*
die Schokolade (-n) 27 *chocolate*
schon 7 *already*
schön 6 *beautiful*
der Schrank (¨-e) 5 *cupboard*
schreiben 7 *to write*
der Schreibtisch (-e) 5 *writing-table*
die Schreibwaren 15 *writing materials, stationery*
die Schulaufgabe (-n) 8 *exercise, homework*
die Schule (-n) 2 *school*
der Schüler (-) 2 *schoolboy*
die Schülerin (-nen) 2 *schoolgirl*
das Schulzimmer (-) 3 *classroom*
der Schwager (¨-) 26 *brother-in-law*
schwarz 1 *black*
schwer 8 *difficult, hard*
das Schwert (-er) 16 *sword*
die Schwester (-n) 1 *sister*
schwierig 31 *difficult*
schwimmen 14 *to swim*
der Seehund (-e) 17 *seal*
sehen 12 *to see*
sehr 2 *very*
sein 4 *his, its*
seit 10 *since*
selbst 14 *— self, itself*
selbstverständlich 28 *of course*
der September 23 *September*
die Serie (-n) 30 *serial, series*
der Sessel (-) 5 *armchair*
sich setzen 26 *to sit down*
sie 1 *she, it, they*
Sie 3 *you*
das Silber 16 *silver*
silbern 25 *silver*
der Silvester 23 *New Year's Eve*
sind 1 *are*
der Sinn (-e) 18 *sense*
sitzen 5 *to sit, be seated*
so 6 *so, thus*
sofort 8 *immediately*
der Sohn (¨-e) 8 *son*

sollen 20 *to be bound to, about to*
der Sommer 23 *summer*
sondern 15 *but*
die Sonne (-n) 27 *sun*
der Sonnenschein 17 *sunshine*
der Sonntag (-e) 23 *Sunday*
sonst 16 *otherwise*
der Spaß (¨e) 28 *fun*
später 9 *later*
der Spaziergang (¨e) 27 *walk*
die Speisekarte (-n) 25 *menu*
der Spiegel (-) 5 *mirror*
spielen 5 *to play*
sprechen 18 *to speak*
die Spritze (-n) 21 *syringe, injection*
die Spur (-en) 12 *lane, trail*
die Stadt (¨e) 6 *town, city*
städtisch 21 *municipal*
statt 20 *instead*
stattfinden 30 *to take place*
stecken 5 *to put, stick*
stehen 10 *to stand*
die Stehlampe (-n) 5 *standard lamp*
der Stein (-e) 17 *stone*
stellen 6 *to put, place*
das Steuer 21 *steering wheel*
still 27 *quiet(ly)*
die Stimme (-n) 18 *voice*
stöhnen 21 *to groan*
stören 28 *to disturb*
die Störung (-en) 28 *disturbance*
die Straße (-n) 12 *street*
die Straßenlaterne (-n) 20 *street-lamp*
streng 19 *strict(ly)*
das Stück (-e) 7 *piece*
der Student (-en) 19 *student*
studieren 18 *to study*
der Stuhl (¨e) 3 *chair*
die Stunde (-n) 4 *hour; lesson*
suchen 24 *to look for, seek*
südlich 13 *south*
die Suppe (-n) 25 *soup*

die Tafel (-n) 2 *blackboard*
der Tag (-e) 6 *day*
die Tagesschau 30 *news bulletin*
die Tagung (-en) 14 *conference, meeting*
die Tante (-n) 15 *aunt*
tanzen 14 *to dance*
die Tasche (-n) 3 *pocket, bag, purse*
die Tasse (-n) 14 *cup*
das Taxi (-) 27 *taxi*
der Teich (-e) 17 *pool, pond*
der Teil (-e) 13 *part*
das Telefon (-e) 18 *telephone*
teuer 7 *dear, expensive*
der Text (-e) 18 *text*
das Theater (-) 13 *theatre*
der Thronsaal (-säle) 31 *throne-room*
tief 17 *deep(ly)*
der Tisch (-e) 2 *table*
die Tochter (¨) 8 *daughter*
der Tote (-n) 23 *dead man*
der Tourist (-en) 14 *tourist*
tragen 19 *to carry, wear*
treffen 24 *to meet*
die Treppe (-n) 5 *stairs, staircase, step*
trinken 9 *to drink*
trotz 20 *in spite of*
tüchtig 29 *hearty, good*
tun 28 *to do*
die Tür (-en) 2 *door*
der Turm (¨e) 16 *tower*

über 15 *over, above, about*
überall 14 *everywhere*
übernächst 26 *next but one*
überraschen 17 *to surprise*
die Uhr (-en) 24 *clock, watch, time, hour*
um 5 *about, around, at*
umschalten 30 *to switch over*
unbedingt 15 *absolutely*
und 1 *and*
der Unfall (¨e) 20 *accident*
ungeduldig 28 *impatient(ly)*
ungefähr 13 *approximately*
ungläubig 20 *incredulous(ly)*
unglücklich 21 *unhappy, unlucky*
uns 6 *us*
unser 4 *our*
der Unsinn 21 *nonsense*
unter 15 *under, beneath*
die Unterführung (-en) 24 *subway (pedestrian)*
die Unterhaltung (-en) 30 *entertainment, conversation*
untersuchen 21 *to examine, inspect*
unterwegs 10 *on the way*
unvergeßlich 28 *unforgettable*

der Vater (¨) 1 *father*
der Vati (-s) 4 *daddy*
verabreden 28 *to make an arrangement*
verabredet 28 *agreed, arranged*
verboten 19 *forbidden, prohibited*
verbringen 28 *to spend, pass (time)*
das Verbum (-a) 16 *verb*
vergessen 27 *to forget*
das Vergnügen (-) 28 *pleasure*
sich verirren 27 *to make a mistake, lose one's way*
der Verkäufer (-) 29 *salesman, shop assistant, seller*
die Verkäuferin (-nen) 15 *saleswoman, shop assistant*
der Verkehr 12 *traffic*
die Verkehrsregel (-n) 20 *highway code, rule of the road*
verlassen 32 *to leave*
sich verlassen (auf) 29 *to rely (upon)*
verletzt 20 *wounded, injured*
versagen 9 *to deny, refuse*
verschieden 29 *various, different*
die Verspätung (-en) 24 *delay, lateness*
versprechen 28 *to promise*
verstehen 18 *to understand*
versuchen 27 *to try, attempt*
vertragen 28 *to bear, endure*
viel 6 *much, a lot, many*
vielleicht 14 *perhaps*
das Viertel 24 *quarter*
voll 14 *full*
von 10 *from, of, by*
vor 15 *before, in front of*
der Vorhang (¨e) 19 *curtain*
der Vorort (-e) 12 *suburb*
die Vorstellung (-en) 19 *presentation, performance*

der Wagen (-) 6 *car, carriage*
wählen 29 *to choose, elect*
wahnsinnig 18 *crazy*
wahr 26 *true*
während 20 *during*
der Wald (¨er) 17 *wood, forest*
die Wand (¨e) 2 *wall*
wann? 12 *when?*
warm 17 *warm*
warten 24 *to wait*
warum 4 *why*
was 2 *what*
sich waschen 27 *to wash*
das Wasser (-) 17 *water*
das Wasserspiel (-e) 16 *fountain*
wechseln 29 *to change (e.g. money)*
der Weg (-e) 29 *way*
wegen 20 *on account of, because of*
das Weihnachten 23 *Christmas*
weinen 8 *to cry, weep*
weiß 3 *white*
weit 12 *far, wide, long*
weiter 16 *further, on*
welcher 18 *which*
die Welt (-en) 21 *world*
wenn 27 *if, when(ever)*
wer 2 *who*
werden 26 *to become*
werfen 31 *to throw*
das Wetter 18 *weather*
wichtig 29 *important*
wider 6 *against, contrary to*
wie 6 *how*
wieder 8 *again*
wiederholen 16 *to repeat*
die Wiederholung (-en) 11 *recapitulation*
der Wievielte 23 *what number, place, date*
der Wind (-e) 18 *wind*
der Winter (-) 23 *winter*
wir 3 *we*
wirklich 9 *really, truly*
das Wirtshaus (¨er) 12 *inn, public house*

wissen 17 *to know*
wo 10 *where*
die Woche (-n) 18 *week*
das Wochenblatt (¨-er) 29 *weekly paper*
wohin 27 *whither, where*
wohl 10 *well, probably, perhaps*
wohnen 10 *to live, dwell*
die Wohnung (-en) 5 *apartment, flat*
das Wohnzimmer (-) 5 *living room, sitting room*
wollen 15 *to want, wish to*
das Wort (¨-er) 31 *word*
wunderbar 28 *wonderful, marvellous*
wunderschön 16 *exquisite, beautiful*
der Wunsch (¨-e) 6 *wish, desire*
wünschen 9 *to wish*
die Wurst (¨-e) 27 *sausage*

zählen 23 *to count*
der Zebrastreifen 20 *street crossing*
zeichnen 4 *to draw*
zeigen 9 *to show, point out*
die Zeit (-en) 8 *time*
zeitig 26 *in (good) time*
die Zeitschrift (-en) 29 *periodical, magazine*
die Zeitung (-en) 8 *newspaper*
der Zeitungsstand (¨-e) 29 *news stand, newspaper kiosk*
ziemlich 17 *rather, fairly*
das Zimmer (-) 3 *room*
zittern 21 *to shudder, shiver, tremble*
der Zoo 28 *zoo*
zornig 4 *angry, angrily*
zu 7 *to, at*
der Zucker 7 *sugar*
zuerst 21 *first, at first*
zufällig 29 *by chance, accidentally*
zu Fuß 14 *on foot*
der Zug (¨-e) 10 *train*
zu Hause 4 *(at) home*
zuhören 30 *to listen*
zumachen 30 *to close, shut*
zum ersten Mal 15 *for the first time*
zurückkehren 30 *to return, go back, come back*
sich zurücklehnen 30 *to lean back*
zusammen 26 *together*
zusammenfassen 31 *to collect together*
zwar 29 *indeed, namely*
zwischen 15 *between, among*